지리산권 서원자료 선집

지리산권 서원자료 선집

국립순천대 · 국립경상대
인문한국(HK) 지리산권문화연구단 엮음

　국립순천대학교 지리산권문화연구원과 국립경상대학교 경남문화연구원은 2007년에 컨소시엄을 구성하고 '지리산권 문화 연구'라는 아젠다로 한국연구재단의 인문한국(HK) 지원 사업에 신청하여 선정되었습니다.

　인문한국 지리산권문화연구단은 지리산과 인접하고 있는 10개 시군을 대상으로 문학, 역사, 철학, 생태 등 다양한 방면의 연구를 목표로 하였습니다. 이에 따라 연구단을 이상사회 연구팀, 지식인상 연구팀, 생태와 지리 연구팀, 문화콘텐츠 개발팀으로 구성하였습니다. 이상사회팀은 지리산권의 문학과 이상향·문화사와 이상사회론·사상과 이상사회의 세부과제를 설정하였고, 지식인상 연구팀은 지리산권의 지식인의 사상·문학·실천에 관한 연구를 진행하였습니다. 그리고 생태와 지리 연구팀은 지리산권의 자연생태·인문지리·동아시아 명산문화에 관해 연구하고, 문화콘텐츠 개발팀은 세 팀의 연구 성과를 DB로 구축하여 지리산권의 문화정보와 휴양정보망을 구축하였습니다.

　본 연구단은 2007년부터 아젠다를 수행하기 위해 매년 4차례 이상의 학술대회를 개최하고, 학술세미나·초청강연·콜로키움 등 다양한 학술활동을 통해 '지리산인문학'이라는 새로운 학문영역을 개척하였습니다. 또한 중국·일본·베트남과 학술교류협정을 맺고 '동아시아산악문화연구회'를 창립하여 매년 국제학술대회를 개최하였습니다. 그 과정에서 자료총서 32권, 연구총서 10권, 번역총서 8권, 교양총서 7권, 마을총서 1권 등

총 50여 권의 지리산인문학 서적을 발간한 바 있습니다.

이제 지난 8년간의 연구성과를 집대성하고 새로운 연구방향을 개척하기 위해 지리산인문학대전으로서 기초자료 10권, 토대연구 10권, 심화연구 10권을 출판하기로 하였습니다. 기초자료는 기존에 발간한 자료총서 가운데 연구가치가 높은 것과 새롭게 보충되어야 할 분야를 엄선하여 구성하였고, 토대연구는 지리산권의 이상향·유학사상·불교문화·인물·신앙과 풍수·저항운동·문학·장소정체성·생태적 가치·세계유산적 가치 등 10개 분야로 나누고 관련 분야의 우수한 논문들을 수록하기로 하였습니다. 그리고 심화연구는 지리산인문학을 정립할 수 있는 연구와 지리산인문학사전 등을 담아내기로 하였습니다.

지금까지 연구단은 지리산인문학의 정립과 우리나라 명산문화의 세계화를 위해 혼신의 힘을 다해 왔습니다. 하지만 심화 연구와 연구 성과의 확산에 있어서 아쉬운 점도 없지 않았습니다. 이번 지리산인문학대전의 발간을 통해 그 아쉬움을 만회하고자 합니다. 우리 연구원 선생님의 노고가 담긴 이 책을 통해 독자 여러분들이 지리산인문학에 젖어드는 계기가 되리라 기대합니다.

끝으로 이 책이 출간되기까지 수고해주신 본 연구단 일반연구원 선생님들, HK연구원 선생님들, 그리고 외부에서 참여해주신 필자선생님들께 깊이 감사드립니다. 또한 이 자리를 빌려 이러한 방대한 연구활동이 가능하도록 재정적 지원을 해주신 정민근 한국재단이사장님, 박진성 순천대 총장님과 이상경 경상대 총장님께도 고맙다는 말씀을 드립니다.

2016년 7월

국립순천대·국립경상대 인문한국(HK) 지리산권문화연구단

단장 남호현, 부단장 장원철

| 서 문 |

이 책은 지리산권 유학사상 연구를 위한 토대로서, 지리산권 서원과 사우에 대한 자료를 모은 것이다. 알려져 있듯이 서원은 조선 중기이후 교육과 학술활동의 중심이자, 정치와 향촌활동의 무대가 된 곳이다. 그러나 '사묘(祠廟)가 없으면 서원이 될 수 없다'고 한 주세붕(周世鵬)의 말대로 서원은 또한 유학의 발전에 큰 공을 세운 학자와 나라를 위해 충절을 바친 선현들뿐만 아니라 각 지역과 밀접하게 연관된 인물들을 기념하고 배향하는 사당 기능을 수행하던 곳이다.

그래서 우리나라 각 지역에 산재해 있는 서원과 사우에 관한 자료를 집성하는 것은 그 지역의 유학사상과 그 전개과정을 연구하는데 있어 매우 중요할 뿐만 아니라 우리나라 전체의 유학 사상을 이해하는데 있어서도 꼭 필요한 작업이다. 비록 조선후기로 갈수록 서원 남설에 의한 여러 부작용이 없었던 것은 아니지만, 그렇다고 그것이 가진 적극적인 의미마저 간과할 수는 없다.

특히 서원은 각 지역과 밀접하게 관련되어 있는 인물들을 기념하고 배향하는 사당의 기능과 함께 교육과 학술기능을 수행함으로써 그 지역의 학술적인 경향을 가늠해볼 수 있는 주요한 잣대이다. 따라서 지리산권에 산재해 있는 80여 개 서원과 사우는 지리산권 유학사상과 그 전개과정을 연구하는 주요한 기초가 될 수 있다.

이 책에서 다루고 있는 서원과 사우는 지리산권, 즉 남원·곡성·구례·함양·산청·진주·하동 지역에 한정하였다. 지리산권 서원과 사우

들은 현재의 행정구역 체계에 따르면 7개 지역으로 구분되지만, 이 책에서는 편의상 남원, 곡성·구례, 함양, 산청, 진주·하동의 5개 지역으로 묶고, 각 지역의 서원과 사우를 가나다 순으로 배열하여 서술하고 있다. 그리고 이 책은 지리산권문화연구원에서 이미 펴낸『지리산권 서원자료 선집 (Ⅰ), (Ⅱ)』중 인물자료를 삭제하고 서원 사진을 첨가한 것이다.

2016년 7월
지리산 자락에서 편집자 씀

목차

—

지리산권 서원과 사우

—

Ⅰ. 서원이란?

서원(書院)이란 성리학적 이념을 토대로 강학(講學)과 존현봉사(尊賢奉
祀)를 위해 설립한 교육기관이다. 성리학에서 강학이란 궁극적으로 학문
전수와 덕성을 함양하는 것이고, 이것은 교육과 밀접한 관련성을 가지고
있으므로 교육기관인 서원의 지향과 부합한다. 그런데 교육과 무관한 듯
이 보이는 존현봉사가 서원의 주요한 기능이나 목적이 될 수 있었던 것
은 존현봉사도 교육적 기능에서 이해했기 때문이다.

서원건립운동을 펼쳤던 성리학자들에게 있어서 교육은 현인을 존중
하고 그로부터 삶의 전형을 찾으며 그를 닮으려는 노력에서 시작하는
것이었다. 전통 사회의 고등교육기관으로 기능하였던 서원에서 그 고
을의 현인들을 제향했던 것이 어떻게 귀신을 즐겁게 하고자 한 것이겠
는가!

이렇듯 서원에 따라 강학을 중시하기도 하고, 혹은 존현봉사를 중시하

기도 하지만, 그리고 서원에 따라 존현봉사를 먼저 시행하다 강학 기능을 추가하기도 하고, 존현봉사를 그다지 강조하지 않는 서원도 있지만, 사실상 그 궁극적인 목표에서 보자면 큰 차이가 있는 것은 아니다.

하지만 서원이 단순히 이러한 교육적 기능만을 수행했던 것은 아니다. 서원은 후대로 내려오면서 이러한 교육적 기능 이외에 향촌 운영기구로써의 역할을 수행하게 되었고, 그것은 붕당정치 아래에서 자파 세력을 규합하여 정치 세력화하는 주요한 토대가 되었다. 또한 서원은 도서관과 출판사의 역할을 수행하며 지역 학문 활동의 주요거점으로 작용하였다.

이러한 서원이 처음으로 세워진 곳은 중국으로, 최초의 서원은 당나라 말기 현종 때 건립한 여정서원(麗正書院)이다. 하지만 서원이 교육기관으로 본격적으로 작용하기 시작한 것은 북송 초기에 백록(白鹿)·석고(石鼓)·응천(應天)·악록서원(嶽麓書院)이 세워진 이후부터이며, 여러 지역에 서원이 건립되고 그 정신이 보급되기 시작한 것은 남송에 이르러 주희가 백록동서원을 중건하여 활발한 강학활동을 전개한 뒤라고 할 수 있다. 그 뒤 명나라에 이르러서는 이름난 서원만 3백 여 곳을 꼽을 정도로 성행한 것으로 알려져 있다.

반면 우리나라에서 '서원'이라는 용어가 등장한 것은 신라 말기이지만, 그 당시 '서원'은 교육기관을 가리키는 것이 아니라, 관청이나 관직을 가리키는 말이었다. 고려시대에도 서원이라는 기관이 있었지만 그것은 현대의 도서관의 기능을 수행하던 곳이었다. 교육기관으로서의 서원은 1543년 풍기군수로 있던 주세붕이 성리학을 도입한 것으로 알려져 있는 안향의 고향인 순흥에 그를 제향하는 사당과 함께 백운동서원(白雲洞書院)을 건립한 것이 효시이다.

II. 조선 중기 서원의 설립 배경과 성격

조선에서 본격적으로 서원이 건립되는 시기는 1500년대 중반이다. 물론 중종 이전에 이미 13곳의 서원이 건립되었다고 주장하는 학자도 있지만, 그것은 교육기능에 치중하거나 교육적인 기능과 결합한 서원이라기보다는 대부분 제사 기능에만 충실한 사우(祠宇) 혹은 묘사(廟祠)였다. 사우 역시 사액되었는데, 예를 들면 지리산권에 위치해 있는 문익점을 배향하는 도천서원의 경우 서원이 성립하기 이전인 1461년에 먼저 사우가 건립되고, '도사(道祠)'라는 사액이 내려지기도 하였다.

그런데 이렇듯 제사 기능에 충실한 사우 건립이 왜 제사 기능과 교육 기능을 함께 갖춘 서원으로 변환되었는가? 혹은 16세기 중반에 이르러 어떤 계기로 본격적인 서원 건립이 시작되었는가? 이러한 물음에 대한 대답은 크게 다음과 같은 방향에서 그 대답을 찾을 수 있다.

먼저 사회·역사적 배경에서 가장 주목되는 것은 무엇보다 관학의 쇠퇴이다. 왜 관학이 쇠퇴하게 되었는가라는 문제에 대해서는 여러 가지 원인을 찾을 수 있겠지만, 관학의 쇠퇴가 결국 서원 건립의 주요한 원인이 되었다는 것에 대해 대부분의 학자들은 동의한다. 성균관과 향교로 대표되는 조선의 관학은 본래 관리 양성과 성리학의 보급을 목표로 하였고, 또한 일정부분 그러한 목표의 달성에 기여한 바가 있지만, 세종대를 기점으로 점차 쇠퇴하기 시작하였는데, 그것은 관학파의 변질과 무관하지 않다.

대체로 조선 중기 이후 성리학의 발전에서 나타나는 특징 중의 하나는 권도(權道)의 위험성을 경계하는 측면이 강하게 나타나고 있지만, 조선 초기 특히 관학파의 학자들에게 있어서 권도의 적극적인 수용은 일반적인 경향이기도 하였다. 그것은 그 당시의 성리학이 인간과 우주의 문제를 리와 기로 설명하는 성리학의 이론적인 경향보다는, 정치질서의 변혁을 위한 실천적이고 경세적인 측면이 더욱 강조되었기 때문일 것이다. 하지만 태종대에 이르면서 전제왕권이 점차 확고하게 자리 잡으면서, 정치적 안정과 관료들의 순응이 요구되었고, 그 이전 시기처럼 세상을 개혁하고자 하는 이상과 관료들의 적극적인 개혁의 참여를 더 이상 필요로 하지 않게 되었다. 이렇듯 목숨으로 절의를 지키기보다는 백성에 대한 지식인의 책임을 강조하지만 전제왕권 아래에서 지식인의 역할 역시 축소될 수밖에 없는 모순적 상황 속에서 관료들의 이념적 창조력은 점차 이완되었던 것이다.

이와 같이 관학파는 당시의 지식인으로서, 이중적인 모습을 보여주며, 그 학문의 길은 왕정을 찬양하고 관료들의 치적을 칭송하는 시문과 외교문서 등의 작성에 치중하는 사장학 방향으로 나아갈 수밖에 없었던 것이다. 이것은 여말 선초의 지식인들이 시대의 변화에 따라 이념적 토대가 허물어지고 정신적으로 이완되어 가는 과정을 보여주는 것이라 하겠다. 건국초기 신흥사대부들의 신선하고 열정적인 새로운 이념에의 추구가 이들에 이르러 퇴조하기 시작한 것이다.

이러한 관학파의 퇴조는 한편으로 뒤에 사림파가 중앙정계로 진출하면서 그들의 활동과 지향에 명분을 제공하는 것이기도 하였고, 또 다른 한편으로는 수양대군의 왕위를 찬탈한 계유정난(1453년 10월)이 발생하는 역사적 배경으로 작용하였다. 또한 관학 자체의 쇠퇴를 불러온 근원적인 요인으로 작용한 것이기도 하다. 조선초기의 역사적 전개과정에서 관학파의 변질과 수양대군의 왕위찬탈, 그리고 그 이후 사림파의 등장과 사화의 발생은 서로 인과관계를 형성하며 중요한 고비를 형성한 사건으로, 결국 사학교육기관인 서원의 등장과도 서로 맥이 연결되고 있는 것이다.

보다 직접적으로 최초로 백운동 서원을 세운 주세붕(周世鵬, 1495~1554)의 문제의식으로부터도 서원 건립의 배경을 이해할 수 있다. 주세붕의 일생은 사화기와 거의 일치하며, 이렇듯 비극적인 사건이 연이어 등장하는 암울한 시대를 살아갈 수밖에 없었던 그는 이제 일정부분 자신들이 책임질 수밖에 없는 결과를 앞에 두고 사화기에 대한 반성과 함께 성리학의 새로운 진로를 모색하게 되었다. 그리고 그 당시를 살아갔던 사림파의 학자들이 보여준 대표적인 모습은 다음과 같은 세 가지였다. 첫째는 성리학적 윤리규범의 정치적 실현에서 자연으로 그 관심을 옮기는 모습이고, 둘째는 윤리규범의 근거를 캐물어감으로써 성리학에 대한 심화된 이해에 도달하는 모습이며, 셋째는 성리학적 윤리규범의 사회적 실천과 보급에 관심을 기울이는 모습이다. 바로 주세붕은 이 중에서 세 번째 지향을 보여준 인물로, 그가 서원 건립운동을 시작했다는 것은 사화기에 대한 반성의 결과로 이해할 수 있을 것이다. 즉 공교육이 제대로 기능하지 못하는 상황에서, 사림의 정신을 실천하며 개혁을 추진하기 위해서는 무엇보다 성리학적 이념의 보급이 절실하게 요구되었고, 서원과 같은 교육기관의 설립은 그가 추진해야 할 우선적인 과제라고 생각했던 것이다. 더욱이 수 많은 선비들을 희생시킨 사화의 원인 중 하나가 사림이 실현하고자 하는 이념에 대한 대중의 몰이해에 있었다고 생각했기 때문에 교육을 통한 성리학적 이념 혹은 사림정신의 보급은 그의 당면과제라고 이해하였을 것이다.

이러한 설립배경을 통해서 확인되는 것은 서원의 건립이 사림세력에 의해 주도되었고, 따라서 서원의 성격은 자연스럽게 사림의 정신을 반영한 것일 수밖에 없다는 점이다. 그리고 이것은 다음과 같은 서원의 교육목표와 교육내용에서도 확인할 수 있다.

Ⅲ. 서원의 교육목표와 교육내용

서원의 교육목표는 주세붕이 백운동서원을 세우면서 천명한 "사당을 세움으로써 덕을 숭상하고, 서원을 세움으로써 학문을 두텁게 한다(立廟以尚德, 立院以敦學)"라는 말에 이미 온전하게 함축되어 있다. '사당'과 '서원'이 연결되어 있듯, 배움은 덕과 분리될 수 없었다. 기존의 관학이 과거시험을 목표로 교육하였다면, 서원의 가장 큰 차별성은 바로 덕과 분리되지 않는 배움을 강조한 데 있고, 그것은 바로 성현을 본받는 것[法聖賢]을 통해서 이루어졌던 것이다.

그렇다고 해서 현실적으로 서원이 과거시험과 무관하거나 그것을 도외시 한 것으로 보이지는 않는다. 일부 서원의 원규에서는 과거시험을 위한 교육을 금지하거나 배제한 경우도 있지만, 대부분의 서원에서 과거에 대해 부정적인 태도를 취하고 있지는 않았다. 이러한 측면에서 성균관이나 향교의 관학에 비해 과거의 비중이 약화된 것은 사실이지만 관리양성 역시 서원의 중요한 교육목표 중 하나로 보아야 할 것이다.

이러한 교육목표를 달성하기 위해 대부분의 서원에서는『소학』과 사서, 오경을 공통의 필수과목으로 채택하였고, 그 외에『가례』,『심경』,『근사록』등의 여러 성리학서적과 역사서 등을 교재로 사용하였다. 그리고 교육은 주로 강의를 통해 이루어졌는데, 강의에는 매일 실시하는 석강(席講)과 보름마다 혹은 매월 실시하는 월강(月講) 등이 있었다. 이러한 강의를 들은 후 구의(口義)라는 일종의 구술시험을 통해 이해 정도를 평가받았으며, 그것은 대통·통·약통·조통·불통의 5단계로 이루어졌다.

특히 원생들은 서원에 함께 거주하였기 때문에 학습 이외에, 생활지도에 있어서도 엄격한 규율이 시행되었다. 1582년 왕명에 의해 이이가 지은「학교모범(學校模範)」에서는 검신(檢身)·입지(立志)·독서(讀書)·신언(愼言)·존심(存心)·사친(事親)·사사(事師)·택우(擇友)·거가(居家)·접인(接人)·응거(應擧)·수의(守義)·상충(尚忠)·독경(篤敬)·거학(居學)·독법(讀法) 등과 같은 16개 조목에 달하는 교육을 위한 규율을 확인할 수 있는데, 서원에서도 이와 유사한 형태의 규율이 시행된 것으로 보인다.

Ⅳ. 조선시대 서원의 설립 실태와 서원 정책

주세붕에 의해 1543년 백운동서원이 건립된 이후, 전국 곳곳에서 서원이 건립되기 시작하였고, 사림들이 정권을 장악한 선조시기에 이르면 본격적으로 가속도가 붙기 시작하였다. 그리고 마침내 처음 서원이 건립된

지 50여 년이 흐른 뒤에는 서원이 없는 고을이 없다고 말할 정도로 그 숫자는 불어나 있었다.

『한국민족문화대백과사전 12』에 실려 있는 서원 통계(1)와 정용우의 「조선조 서원·사우에 대한 일고찰」에서의 집계(2), 그리고 윤희면이 「조선시대 서원 정책과 서원의 설립 실태」에서 제시한 통계(3)에 따르면 조선시대 서원의 건립실태는 아래 표와 같다.

〈표 1〉 조선시대 서원·사우의 건립 실태

		중종이전	중종	명종	선조	광해	인조	효종	현종	숙종	경종	영조	정조	순조	헌종	철종	고종	미상	계	합계	사액
1	서원		4	18	63	29	28	27	46	166	8	18	2	1				7	417	909	200
	사우		12	1	22	9	25	10	23	174	20	145	6		1	1		46	492		70
2	서원	1	3	16	64	32	30	27	52	174	10	22	6	2	1			25	465	965	208
	사우	12	1	0	27	7	25	9	19	169	17	125	6	1	1			81	504		71
3	서원		1	16	70	35	33	31	48	175	8	50	47	52	12	19	1	82	680	1721	
	사우				27	7	33	11	25	188	25	166	75	128	34	34	6	282	1041		

이 세 가지 통계 중에서 어느 것이 정확한 것인지는 단정하기 어렵지만, 대원군의 서원 철폐 당시 경상도에서 훼철된 서원과 사우의 숫자만 505개에 이르고, 이수환이 『조선후기 서원 연구』(일조각, 2001)에서 제시한 경상도 지역의 서원과 사우만 711개에 이른다는 주장에 따른다면 3번째인 윤희면의 주장이 더욱 사실에 근접한 듯하다.

이렇듯 서원의 숫자가 늘어나고 그에 대비해서 사액서원 역시 늘어나면서 여러 폐단들이 등장하는 것은 필연적인 결과였다. 서원이 넓은 토지를 점유하고, 피역의 소굴이 되는 등 서원에서 비롯된 문제에 대해 처음으로 의견을 제시한 인물은 인조 22년 경상감사로 있던 임담이었다. 그는 서원 제향자의 기준이 일정하지 않은 것과, 양역의 폐단을 지적하며 서원건립을 국가에서 파악하여 조정해야 한다고 주장하였다. 하지만 그의 주장이 받아들여져 실행되지는 못하였다. 그 뒤 1657년(효종 8년) 충청감사 서필원이 상소를 통해 서원의 설립을 국가에서 통제해야 한다고 주장하였다. 그리고 이것이 계기가 되어 서원 건립은 반드시 조정의 허가를 받도록 하였지만, 늘어나는 서원이나 사액서원의 숫자를 막거나 줄이지는 못하였다.

숙종 후반기에 이르러 첩설을 금지하면서, 또 한편으로는 서원들을 심의하여 훼철을 결정하였지만, 주로 정치적 보복의 형식으로 진행됨으로써 충분한 효과를 거두지는 못하였다. 그리고 영조 17년에 마침내 허가받지 않고 건립된 178개소의 서원과 사우를 심의하여 훼철하는 효과를 얻기도 하였지만, 이러한 서원정책은 정조대에 이르러 상당히 완화되었고, 순조대 이후에는 사실상의 제약을 가하지 못하였다. 이러한 상황에서 영조시기에 훼철되었던 서원과 사우의 상당수가 다시 복설되기도 하였는데, 서원에 대한 확실한 정리는 대원군에 의해 전국 47개 서원만을 남기고 모두 훼철되었을 때 비로소 완성되었다.

대원군 당시 훼철되지 않은 원사는 다음과 같다. 즉 개성의 숭양서원(崧陽書院), 용인의 심곡서원(深谷書院), 파주의 파산서원(坡山書院), 여주의 강한사(江漢祠), 강화의 충렬사(忠烈祠), 광주(廣州)의 현절사(顯節祠), 김포의 우저서원(牛渚書院), 포천의 용연서원(龍淵書院), 과천의 사충서원(四忠書院), 양성의 덕봉서원(德峰書院), 과천의 노강서원(鷺江書院), 고양의 기공사(紀功祠), 연산의 돈암서원(遯巖書院), 홍산의 창렬사(彰烈祠), 청주의 표충사(表忠祠), 노성의 노강서원(魯岡書院), 충주의 충렬사(忠烈祠), 태인의 무성서원(武城書院), 광주(光州)의 포충사(褒忠祠), 장성의 필암서원(筆巖書院), 경주의 서악서원(西岳書院), 선산의 금오서원(金烏書院), 함양의 남계서원(藍溪書院), 예안의 도산서원(陶山書院), 상주의 옥동서원(玉洞書院), 안동의 병산서원(屛山書院), 순흥의 소수서원(紹修書院), 현풍의 도동서원(道東書院), 경주의 옥산서원(玉山書院), 상주의 흥암서원(興巖書院), 동래의 충렬사忠烈祠), 진주의 창렬사(彰烈祠), 고성의 충렬사(忠烈祠), 거창의 포충사(褒忠祠), 영월의 창절서원(彰節書院), 철원의 포충사(褒忠祠), 금화의 충렬서원(忠烈書院), 해주의 청성묘(淸聖廟), 백천의 문회서원(文會書院), 장연의 봉양서원(鳳陽書院), 북청의 노덕서원(老德書院), 영

유의 삼충사(三忠祠), 안주의 충민사(忠愍祠), 영변의 수충사(酬忠祠), 평양
의 무열사(武烈祠), 정주의 표절사(表節祠), 평산의 태사묘(太師廟) 등이다.

V. 지리산권의 서원과 사우

그렇다면 대원군에 의해 서원들이 훼철되기 이전 지리산권에는 어떤
서원들이 건립되었고, 이들 서원에서는 어떤 인물들이 배향되었는가? 그
러나 앞의 〈표 1〉에서도 이미 확인되듯, 이 물음에 대한 정확한 정보를
찾기란 쉽지 않다.

다만 『국역 증보문헌비고』의 「학교고」·『전고문헌(典故文獻)』 권14
「원사록(院祠錄)」을 기초로 하고, 여기에 수록되지 않은 서원들을 여러
서적과 군지 등에서 확인하여 자료를 통합해서 볼 때, 지리산권의 서원과
사우는 대략 다음과 같이 83개로 잠정 집계된다.

〈표 2〉 지리산권의 서원 · 사우

번호	지역	서원명	배향 인물	창건 연도	사액 연도
1	남원	노봉서원露峰書院	金麟厚, 洪順福, 崔尙重, 吳廷吉, 崔蘊, 崔徽之	1649	1697
2		영천서원寧川書院	安處順, 丁煥, 丁煌, 李大忠	1619	1686
3		요계서원蓼溪書院	金澣, 李尙馨, 金之純, 金之白	1692	
4		용장서원龍章書院	梁能讓, 梁朱雲, 金九容, 梁大樸	미상	
5		유천서원楡川書院	房士良, 房貴溫, 房應賢	1830	
6		창주서원滄州書院	盧禛	1579	1600
7		풍계서원楓溪書院	黃喜, 吳尙德, 黃暐	1788	
8		호암서원湖岩書院	李舒, 沈龜齡, 安省, 蘇沿, 蘇山福, 李棠	미상	
9		고암서원高巖書院	陳遵, 黃信龜 등	1694	
10		두곡서원杜谷書院	金仁鏡, 金宣 등	1766	
11		어은서원漁隱書院	洪灌, 洪演 등	1860	
12		용암서원龍岩書院	鄭夢周, 朴光玉 등	1702	
13		정충사旌忠祠	黃進, 安瑛 등	1709	

14		충렬사忠烈祠	鄭期遠, 李福男 등	1612	
15		탄보묘誕報廟	關羽, 李新芳 등	1599	1781
16		현계사玄谿祠	李凌幹, 鄭焰 등	1702	
17		용호서원龍湖書院	宋秉璿, 金在洪 등	1926	
18		환봉서원環峰書院	千萬里, 千祥 등	1836	
19		덕계사德溪祠	李璡, 南赾	1814	
20		덕양서원德陽書院	申崇謙	1589	1695
21	곡성	영귀서원詠歸書院	金麟厚, 柳彭老, 辛二剛, 許紹, 許繼, 魏伯珪	1564	
22		구암서원龜巖書院	沈璘, 沈光亨 등	1799	
23		도동서원道東書院	朱熹, 安珦	1676	
24		방산서원方山書院	尹孝孫, 尹成 등	1702	
25		남전사藍田祠	王之翼, 李元春 등	미상	
26	구례	죽연사竹淵祠	高效榮, 高元厚 등	1797	
27		봉련사鳳蓮祠	張岳, 張熙載	미상	
28		매천사梅泉祠	黃玹	1962	
29		남계서원藍溪書院	鄭汝昌, 姜翼, 鄭蘊, 兪好仁, 鄭弘緖	1552	1566
30		당주서원塘洲書院	노진, 鄭希輔	1581	1660
31		백연서원栢淵書院	崔致遠, 金宗直	1670	
32		성천서원星川書院	宋浚吉	1643	
33		송호서원松湖書院	李智活, 李瘀, 李芝蕃	1830	
34		용문서원龍門書院	정여창, 林薰, 林芸, 鄭蘊	1583	1662
35		청계서원靑溪書院	金馹孫	1495	
36	함양	서산서원西山書院	全五倫	1841	
37		구천서원龜川書院	朴孟智, 梁灌 등	1650	
38		도곡서원道谷書院	趙承肅, 鄭復周 등	1701	
39		화산서원華山書院	林大仝	1967	
40		정산서원井山書院	許周, 許穆 등	1959	
41		덕암서원德巖書院	李之蕃, 朴坪 등	미상	
42		구주사우龜州祠宇	愼權, 成彭年	1694	
43		동계창당桐溪彰堂	鄭蘊	1654	
44		황암서원黃巖書院	郭䞭, 趙宗道	1715	1717
45		덕천서원德川書院	曺植, 崔永慶	1576	1609
46		도천서원道川書院	文益漸	1461	1554
47		대포서원大浦書院	閔安富	1693	
48		배산서원培山書院	李源, 李晁, 조식, 李㤴友	1771	
49	산청	서계서원西溪書院	吳健, 오간, 朴文瑛, 吳長	1606	1677
50		신계서원新溪書院	朴翊, 朴調, 朴聰	1839	1839
51		신안정사新安精舍	朱熹, 宋時烈	1538	
52		용산서당龍山書堂	洪成海, 洪大海, 洪箕範	미상	
53		우계당愚溪堂	미상	1562	
54		두능사杜陵祠	李晁, 金湛 등	1708	

55		서호사西湖祠	吳長, 朴文瑛 등	1701	
56		청곡서원淸谷書院	李天慶	1642	1642
57		목계서원牧溪書院	李晃, 金湛	1778	
58		문산서원文山書院	權達 權文任	1843	
59		평천서원平川書院	裵玄慶, 裵愼忱 등	1694	
60		완계서원浣溪書院	權濤, 權克亮	1787	1788
61		도정서원道正書院	鄭琢	미상	
62	진주	남악서원南岳書院	金庾信, 崔致遠, 薛聰	1922	
63		광제서원廣濟書院	洪毅, 洪灌	1717	
64		대각서원大覺書院	河沆, 孫天佑, 河應圖, 金大鳴, 李瀞, 柳宗智, 河受一	1610	
65		용강서당龍江書堂	金宇顒	1902	
66		신당서원新塘書院	趙之瑞	1710	1718
67		임천서원臨川書院	李俊民, 姜應台 등	1702	
68		정강서원鼎岡書院	鄭溫, 姜叔卿 등	1694	
69		은열사殷烈祠	姜民瞻	1021	
70		창열사彰烈祠	金千鎰, 崔慶會 등	미상	
71		충민사忠愍祠	金時敏, 梁山璹 등	1652	1667
72		가호서원佳湖書院	鄭文孚	1970	
73		운강서원雲岡書院	河拱辰, 河潤	미상	
74		봉남서원鳳南書院	鄭臣烈, 鄭天益	1838	
75		경림서원慶林書院	金誠一, 趙宗道	1838	
76		도동서원道東書院	皇甫仁, 金文起 등	미상	
77		구암서원龜巖書院	李楨	미상	
78	하동	금남사錦南祠	李穡, 權近, 金冲漢	1628	
79		영계서원永溪書院	정여창, 金誠一	1699	
80		옥산서원玉山書院	鄭夢周	1820	
81		종천서원宗川書院	河弘度, 河晉, 河演	1677	
82		인천서원仁川書院	崔濯	1868	
83		옥동서원玉洞書院	崔永慶, 鄭弘祚	1917	

위의 표에서 드러나듯, 지리산권역 80여 개의 서원 중, 사액을 받은 서원은 17개에 이르고 있으며, 특히 남원과 함양의 경우에는 인적교류와 함께 학술적인 교류가 심도 있게 전개된 것으로 확인된다. 또한 흔히 남인의 세력권이라고 여겨졌던 강우지역에 서인계의 서원들이 세워지고 서인계의 인물들이 배향되는 것에서, 조선후기 학파의 활동과 정치적인 세력의 범위가 읽혀지고 있다.

[참고문헌]

세종대왕기념사업회 편집부, 『국역 증보문헌비고』, 세종대왕기념사업회, 1994.

김형재, 『重刊典故文獻』, 광주, 七葉窟書店, 광복후38년.

이호일, 『조선의 서원』, 가람기획, 2006.

이상해·안장헌, 『서원』, 열화당, 2004.

최완기·김종섭, 『한국의 서원』, 대원사, 2006.

채휘균, 「조선시대 초기서원의 설립배경과 성격」, 『교육철학』 제20집, 2002.

문태순, 「교육기관으로서 서원의 성격 연구」, 『교육발전연구』 제20권 제1호, 2004.

이희면, 「조선시대 서원 정책과 서원의 설립 실태」, 『역사학보』 제181집, 2004.

제1부

남 원

고암서원(高巖書院)

—

Ⅰ. 개설

① 소재지 : 전라북도 남원시 대산면 대곡리

② 건립 연도 : 1694년(숙종 20)

③ 사액 연도 : 미사액

④ 배향 인물 : 환성암(喚醒菴) 진극순(陳克純), 죽헌(竹軒) 진준(陳遵), 운계(雲溪) 황신구(黃信龜), 반환정(盤桓亭) 한양오(韓養吾)

⑤ 변천 및 현황 : 1694년에 지역 유림들의 발의로 창건되었다. 이 서원의 사우인 고암사(高巖祠)엔 진준을 주벽으로 하고 진극순·한양오·황신구를 모셨다. 1868년 흥선대원군의 서원철폐령에 의해 훼철된 후 복설되지 않았다.

구천사(龜川祠)

Ⅰ. 개설

① 소재지 : 전라북도 남원시 주생면 제천리 688

② 건립 연도 : 1856년(철종 7)

③ 사액 연도 : 미사액

④ 배향 인물 : 양촌(陽村) 박춘성(朴春成), 구암(龜巖) 박흥남(朴興男),
송암(松庵) 박연수(朴延壽)

⑤ 변천 및 현황 : 임진왜란 때 공을 세운 밀양박씨 3충신(三忠臣)인 박
춘성·박흥남·박연수를 모시기 위해 1856년에 건립하였다. 3충신을 모
시고 있어 삼충사(三忠祠)라고도 부르고, 박흥남의 호를 따서 '구암사'라
고도 한다. 1984년 4월 1일 전라북도 문화재자료 제58호로 지정되었다.
이 사우는 정면 3칸의 목조 기와집이며, 사당 옆에는 '부호군박공휘장환
공적비(副護軍朴公諱長煥功績碑)'가 있다.

▲ 남원 구천사

노봉서원(露峰書院)

—

Ⅰ. 개설

① 소재지 : 전라북도 남원시 사매면 서도리 552번지

② 건립 연도 : 1649년(인조 27)

③ 사액 연도 : 1697년(숙종 23)

④ 배향 인물 : 하서(河西) 김인후(金麟厚), 고암(顧庵) 홍순복(洪順福), 미능(未能) 최상중(崔尙重), 해서(海西) 오정길(吳廷吉), 폄재(砭齋) 최온(崔薀), 오주(鰲洲) 최휘지(崔徽之)

⑤ 변천 및 현황 : 이칭 및 별칭은 사동방서원이다. 1649년에 창건된 이 서원은 조선시대 삭녕최씨 일가에서 조성했으며 1698년 사액되었지만, 대원군의 서원 철폐령 때 철거되었다. 『용성지』에 따르면 노봉서원의 임명직에 원장 1명, 장의 1명, 유사 2명, 고직 1명, 장무 1명이 종사했으며, 사액 제문과 배향 인물에 대한 축문이 있었다고 한다. 사우(祠宇) 3칸, 신문 1칸, 좌우 협문 각 1칸, 전사청 2칸, 동재 3칸, 서재 3칸, 강당 5칸, 유사

방 2칸, 고사 4칸, 숙소청 3칸, 대문 1칸 등의 규모를 자랑했던 이 서원은 현재 서원의 터와 주춧돌, 우물터 등만 남아 있다.

▲ 남원 노봉서원 터

두곡서원(杜谷書院)

—

I. 개설

① 소재지 : 전라북도 남원시 송동면 두신리 398
② 건립 연도 : 1766년(영조 42)
③ 사액 연도 : 미사액
④ 배향 인물 : 명암(明庵) 김인경(金仁鏡), 수은(樹隱) 김충한(金沖漢), 호촌(壺村) 신포시(申包翅), 김선(金宣)
⑤ 변천 및 현황 : 두실서원이라 부르기도 한다. 이 서원은 경주김씨 문중에서 1766년에 김충한을 봉안하며 창건되었으며, 조선시대 남원도호부 48방 중 '두동방'을 근거지로 학문을 연마하고 교육을 담당하던 곳이었다. 1824년에 중건되었는데, 이때 김인경이 봉안되었다. 그러나 1868년 흥선대원군의 서원철폐령 때 훼철되었고 지금까지 복원되지 못하고 있다.

이 서원은 현재 원지만 남아있고, 그곳에는 동재와 서재, 강학당 자리의 주춧돌, 그리고 사적비와 신도비 등이 산재해 있다. 광복 후 원지 옆에 정면 3칸·측면 2칸 규모의 두남사(杜南祠)라는 사당을 재건하여 매년 음력 9월 1일에 제사를 지내고 있다.

▲남원 두곡서원, 두남사

매계서원(梅溪書院)

—

Ⅰ. 개설

① 소재지 : 전라북도 남원시 사매면 관풍리 세동마을 794-6

② 건립 연도 : 1781년(정조 5)

③ 사액 연도 : 미사액

④ 배향 인물 : 문민공(文愍公) 이정숙(李正淑), 마재(磨齋) 이총(李叢), 문경공(文景公) 이기(李禥), 한촌(寒村) 이계(李桂), 쌍백당(雙栢堂) 최원(崔遠), 용산(龍山) 이도(李燾), 정재(靜齋) 김유경(金裕慶), 낙재(樂齋) 이여재(李如梓)

⑤ 변천 및 현황 : 이 서원은 1781년 대신리 상신마을에 설립하여 8현을 봉향하다가 1815년(순조 15)에 지금의 오수면 둔기리로 이건하여 그 이름을 덕계(德溪)로 개칭하였다. 1868년 흥선대원군의 서원철폐령 때 훼철된 후, 1992년 남원 유림이 복설할 것을 결의하여, 1993년 4월 15일 중건하며 이름을 매계서원으로 환원하였다.

현재 이 서원은 강당, 사당, 내삼문, 외삼문으로 구성되어 있다. 강당은 전면 4칸·측면 2칸 규모이며, 전면 왼쪽 2번째 칸에 '매계서원'이라는 현판이 있다. 사당인 충경사(忠景祠)는 정면 3칸·측면 2칸·팔짝지붕 형태이다. 서원 울타리 안에는 '매계서원유계사적비(梅溪書院儒契事績碑)', '매계팔현서원묘정비(梅溪八賢書院廟庭碑)', '덕계팔현서원유허비(德溪八賢書院遺墟碑)' 등이 있다.

▲ 남원 매계서원

▲ 남원 매계서원 사당

십노사(十老祠)

—

Ⅰ. 개설

① 소재지 : 전라북도 남원시 대강면 생암리 산 47-1

② 건립 연도 : 1862년(철종 13)

③ 사액 연도 : 미사액

④ 배향 인물 : 이윤철(李允哲), 김박(金博), 설산옥(薛山玉), 오유경(吳惟敬), 조윤옥(趙潤屋), 안정(安正), 한승유(韓承愈), 설존의(薛存義), 신말주(申末舟), 장조평(張肇平)

⑤ 변천 및 현황 : 1984년 4월 1일 전라북도 문화재자료 제 59호로 지정되었다. 이 십노사는 단종 폐위에 반대한 십노(十老, 10명의 노인)의 절의를 기리기 위해 그들의 위패를 모신 사당이다. 이들은 단종의 신하였거나 당시의 명사들로 세조의 단종 폐위를 개탄하며 벼슬을 버리고 남원, 전주, 순창 등으로 내려와 은거를 하던 중 귀래정(歸來亭) 신말주(申末舟)의 주도로 십로계(十老契)를 조직한 인물들이다. 훗날 후손들이 이 십노의

절개를 기려 1862년에 십노사를 창건하였고, 매년 향사하고 있다.

현재 이 십노사는 외삼문·강당·내삼문·사당으로 구성되어 있다. 솟을삼문인 외삼문은 미풍문(美風門)이다. 강당은 정면 4칸·측면 2칸 규모의 팔작지붕 형태이고, 평면 중앙에는 2칸의 대청을 배치하고 좌우 양편에 방 한 칸씩을 두었다. 그리고 강당의 왼쪽 두 번째 칸 상부에 '광산강당(廣山講堂)'이라는 현판이 걸려 있다. 내삼문도 솟을삼문으로 주엄문(晝掩門)이란 현판이 걸려 있고, 중앙 칸의 문에는 태극무늬를 그려놓았다. 사우(祠宇) 건물은 정면 3칸·측면 칸 반 규모이며 팔작지붕 형태이다. 중앙의 간상부에 십노사(十老祠)라고 쓰인 현판이 있다. 건축물 울타리 안에 '십노사묘정비(十老祠廟庭碑)'가 있고, 울타리 밖에는 문화재 자료 표석, 십노사 표석, 그리고 최근에 만들어진 다양한 공적비 및 기적비·실적비가 세워져 있다.

▲ 남원 십노사

영천서원(寧川書院)

I. 개설

① 소재지 : 전북 임실군 지사면 영천리 203번지

② 건립 연도 : 1619년(광해군 11)

③ 사액 연도 : 1686년(숙종 12)

④ 배향 인물 : 기재(幾齋) 안처순(安處順), 회산(檜山) 정환(丁煥), 유헌 (遊軒) 정황(丁煌), 활계(活溪) 이대율(李大垈)

⑤ 변천 및 현황 : 기묘사화와 관련 있는 안처순, 정환, 정황, 이대율 등 4인의 학문과 덕행을 추모하기 위하여 유림들이 뜻을 모아 1619년 창건 했다. 1686년 '영천(寧川)'이라는 이름으로 사액되었고, 선현배향 및 지방 교육의 일익을 담당했다. 그 당시엔 남원부 48방 중 하나인 지사방이었으 나, 1914년 행정구역 개편 때 임실군으로 편입되었다. 서원철폐령 때 훼 철되었으며, 현재의 건물은 광복 후에 후손들이 복원한 것이다. 훼철되기 전에는 사우 3칸, 신문 1칸, 동서협문 각 1칸, 전사고 1칸 등이 있었으나,

현재는 사우와 강당 및 삼문만이 남아 있다. 사우는 맞배지붕에 겹처마 건물이다. 원내 각종 행사와 유림의 회합 및 학문 강론 장소로 사용되는 강당 또한 맞배지붕 형태이다. 매년 2월과 8월 중정(中丁)일에 제사를 지낸다. 1984년 4월 1일 전라북도 문화재자료 제20호로 지정되었으며, 소장 자료로『주자서절요(朱子書節要)』12책 등 100여 권의 문헌이 있다.

II. 서원 관련 자료

『英祖實錄』, 卷9, 2年(1726 丙午 / 청 雍正 4年) 4月 23日(乙酉)

○南原幼學金筴等, 疏請死節臣李尙吉, 追享寧川書院, 批令該曹稟處.

▲남원 영천서원

요계서원(蓼溪書院)

—

Ⅰ. 개설

① 소재지 : 전라북도 남원시 산동면 목동리 산62번지

② 건립 연도 : 1692년(숙종 8)

③ 사액 연도 : 미사액

④ 배향 인물 : 재간당 김화(金澕), 천묵재(天默齋) 이상형(李尙馨), 용암 김지순(金之純), 담허재 김지백(金之白)

⑤ 변천 및 현황 : 1692년 창건된 이 서원은 조선시대 남원도호부 산동 방 지역의 선비들이 선현들에게 제사를 지내고, 학문을 연마하던 곳이었 다. 선조와 인조 때의 선비인 김화를 주벽으로 교리 벼슬을 지낸 이상형, 그리고 김지순, 김지백 등 4인을 배향하였다. 정면 3칸·측면 2칸의 사우 와 강학당, 동재·서재 등으로 구성되어 있었으나 지금은 건물의 주춧돌 등만 남아 있다.

용장서원(龍章書院)

—

Ⅰ. 개설

　① 소재지 : 전라북도 남원시 주생면 상동리 644번지

　② 건립 연도 : 미상

　③ 사액 연도 : 미사액

　④ 배향 인물 : 돈암(遯菴) 양능양(梁能讓), 삼강(三江) 양주운(梁朱雲), 척약재(惕若齋) 김구용(金九容), 송암(松巖) 양대박(梁大樸)

　⑤ 변천 및 현황 : 처음 남원의 사림들이 수지면에 용장사(龍章祠)를 세운 시기는 알려져 있지 않지만, 1402년(태종 20) 사우를 다시 세우고 이름을 용장사(龍藏祠)로 고친 것이 용장서원의 시초이다. 1597년(선조 30년) 정유재란 때 소실되었으나, 1792년(정조 17) 현 위치에 중건하였으나 서원 철폐령 때 철거되었다. 1948년 유림들의 발의로 강당을 세우고, 1962년에 사당을 세워 고려의 충신 양능양, 같은 시대의 충신 양주운, 고려 말기의 성리학자인 김구용, 임진왜란 때의 의병장 양대박 등을 배향하고 있

다. 매년 음력 3월 17일 제사를 지내고 있다.

서원 입구에 관리사가 있고, 외삼문을 지나 좌측면에 정몽재(正蒙齋)가 있으며, 강당인 경의당(敬義堂)은 정면 4칸, 측면 1칸 건물이다. 경의당 배면에 높은 견치석 석축과 12계단 위에 내삼문이 있고, 정면 3칸, 측면 1칸의 사당인 숭덕사(崇德祠) 건물이 있다. 경의당과 숭덕사의 현판은 주자의 글씨를 집자한 것이다. 경의당 좌우에는 동재와 서재가 있었을 것인데, 현재는 서재만 남아 있다. 마당에는 「용장서원기적비(龍章書院記蹟碑)」가 있다. 1984년 4월 1일 전라북도 문화재자료 제53호로 지정되었다.

II. 서원 관련 자료

『碩齋稿』, 卷8, 「書, 答湖南諸宗」

先祖司業公. 方因士論. 欲躋享於龍章書院. 而主享梁公朱雲年代. 卽司業公八十二年後人也. 欲以司業公主享. 梁氏不許. 邑中又有文孝公方山書院. 鄙意躋享此院爲宜. 乞賜明敎.

示諭先祖司業公享院. 卽吾宗七百年未遑之闕典也. 昔張忠文公, 鄭威愍公廟食信州. 以其衣履之所藏也. 虞丞相廟食泉州. 以其旌纛之所莅也. 游御史廟食建寧. 以其家世之所籍也. 朱夫子記而銘之. 爲人傳誦. 若司業公之於南原也. 旌纛旣莅其境矣. 衣履又藏其地矣. 至於家世從以籍其鄕矣. 有一於斯. 尙有例之可按如此. 況當時功德之及於人者. 龍蛇化爲赤子. 溝壑奠以安宅. 南之士女. 至今感激而流涕. 則環一府八千餘戶. 雖戶祭而家祝可矣. 今幸公議齊發. 縟禮將擧. 則凡厥瞻聆. 孰不聳然以喜也. 但龍章則梁氏已主享矣. 年代高於梁氏. 而因其事勢之冒碍. 無以躋梁氏之右. 神理人情不相遠. 安有長者陪食少年之禮乎. 方山則文孝公之祠也. 文孝公. 孫也. 司業公祖也. 以孫而配祖. 於情於禮. 俱得叶理. 雖聖人復起. 無容更議. 須卽博采儒士之衆論. 亟擧躋享之儀. 以光

吾宗. 千萬幸甚.

『耳溪集』, 卷23,「祭文, 南原龍章書院合享祭文」

三江先生 高麗功臣梁朱雲

山河間氣. 文武大畧. 徵祥錫名. 折檻遺直. 讜言正學. 一代矜式. 海寇稱亂. 據我南服. 人心震蕩. 國步崩析. 執緌貳君. 乞靈隣國. 哭徹秦庭. 義感殊俗. 援師東出. 僞酋授馘. 危邦再奠. 功齊上洛. 錫茅龍城. 帶方是食. 煌煌鐵券. 名高上壁. 明農謹敎. 百歲流澤. 龍章故祠. 邦人報德. 後孫繩烈. 倡義樹績. 多士叫閣. 躋配翼翼. 禮擧芬苾. 事光簡策.

靑溪先生 壬辰義兵將梁大樸

地靈鍾傑. 秀出南方. 九世忠孝. 八代文章. 請斬蠻使. 大義焯然. 蛇豕荐食. 十載幾先. 灑血登壇. 壯士雲從. 一檄三南. 義旅前鋒. 日高日趨. 推我尸盟. 雲巖大蹂. 屹爲長城. 天步西窘. 擊劒仰誓. 宗澤大呼. 睢陽爲厲. 櫪馬嘶夜. 陣虹貫月. 天使奮筆. 比漢諸葛. 丹楔煒煌. 超秩貳卿. 一邦瞻聳. 永樹風聲. 士林齊辭. 先祠是祔. 一堂祖孫. 百世俎豆.

▲ 남원 용장서원

▲ 남원 용장서원

▲남원 용장서원 사당

용호서원(龍虎書院)

—

I. 개설

① 소재지 : 전라북도 남원시 주천면 호경리

② 건립 연도 : 1927년

③ 사액 연도 : 미사액

④ 배향 인물 : 연재(淵齋) 송병선(宋秉璿), 영송(嶺松) 김재홍(金在洪), 입헌 김종가(金種嘉)

⑤ 변천 및 현황 : 용호정사(龍湖精舍)라고도 부른다. 이 서원은 1927년 원동향약계(源洞鄕約 : 1572년 남원도호부 관내에서 만들어져 현재까지 유지·계승되고 있는 향약계)에 소속된 유림들에 의해 건립되었다. 건립 당시에는 송나라 유학자인 주자(朱子)의 영정을 봉안하고 주자를 배향하였으나, 이후 한말의 우국지사 송병선을 비롯하여 남원 지역에서 후학을 양성하고 덕행을 펼쳤던 김재홍·김종가로 배향 인물이 바뀌었다.

서원 건물들은 1974년에 보수되었으며, 현재 이 서원은 정면 3칸·측면

1칸 규모의 맞배지붕 형태인 사우(祠宇) 경양사(景陽祠), 정면 3칸 규모로 이루어진 동재 · 서재 건물인 목간당(木澗堂)과 수성재(須成齋), 그리고 '용호서원'이라는 현판이 달린 솟을삼문의 대문 등으로 구성되어 있다. 그리고 서원 울타리 안에 '경양사묘정비(景陽祠廟庭碑)'가 있다. 경양사에서는 매년 음력 3월 15일 지역의 유림이 참여하여 향사하고 있다. 동재 · 서재의 편액인 '목간당'과 '수성재'는 주자의 목판 글씨체로 만든 것이며, 그 외에 우암 송시열의 주련 글씨 '영기인간사 오도부창주(永棄人間事 吾道付滄洲)'라는 현판이 있다.

▲남원 용호서원

▲ 남원 용호서원 사당

유천서원(楡川書院)

—

Ⅰ. 개설

① 소재지 : 전라북도 남원시 주생면 영천리 187번지

② 건립 연도 : 1830년(순조 30)

③ 사액 연도 : 미사액

④ 배향 인물 : 방사량(房士良), 금서(錦西) 방귀온(房貴溫), 사계(沙溪)
방응현(房應賢)

⑤ 변천과 현황 : 1830년 지방 유림들의 뜻에 의해 창건된 이 서원은
고려 말·조선 초 의원인 방사량을 중심으로 방귀온·안탁(安琢)·방
응현·안창국(安昌國) 등 5현을 봉안하여 일명 5현사(五賢詞)라고도 부
른다.

서원철폐령 때 철거된 후, 복구를 하지 못하고 후손들이 1909년 그 자
리에 「오현서원유허비(五賢書院遺墟碑)」를 세워 조상들의 유덕(遺德)을
기리고 있다. 서원이 있었던 자리에 건물은 찾아볼 수 없고, 단지 조그

마한 단(壇)과 상석, 그리고 옛 유천서원의 담장·강당·고직사 등의 흔적만 남아 있다. 1984년 4월 1일 전라북도 문화재자료 제52호로 지정되었다.

정충사(旌忠祠)

Ⅰ. 개설

① 소재지 : 전라북도 남원시 주생면 정송리 정충마을

② 건립 연도 : 1709년(숙종 35)

③ 사액 연도 : 1713년(숙종 39)

④ 배향 인물 : 무민공(武愍公) 황진(黃進), 고득뢰(高得賚), 안영(安暎)

⑤ 변천 및 현황 : 황진사당이라고도 부른다. 1709년 임진왜란 때 제 2차 진주성 싸움에서 전사한 황진 장군을 모시기 위해 건립되었다. 1868년 흥선대원군의 서원 철폐령 때 훼철되었으나 복원되었다. 현재 이 정충사 엔 황진 장군을 주벽으로 고득뢰·안영의 위패가 봉안되어 있으며, 경내에는 황진 장군의 신도비가 있다. 재실은 정면 5칸·측면 3칸 반의 규모이며 팔작지붕의 형태를 띠고 있다. 정충사 사우의 정면에는 솟을 내삼문인 순의문(殉義門)이 자리하고 있다. 사우인 정충사는 정면 3칸·측면 2칸 반의 규모로 지붕은 양기와를 사용하였다. 사우의 동남쪽에 자리 잡은

재실에서 매년 음력 10월 12일에 후손들이 시제를 지내고 있다.

II. 서원 관련 자료

『承政院日記』, 영조 18년 2월 29일 (기미) 원본 941책 / 탈초본 51책 (7/24) 1742년 乾隆(淸/高宗) 7년

○ 李鼎輔啓曰 卽伏見慶尙右兵使申德夏狀啓 則以壬辰節死人柳復立追配旌忠祠之意 有所陳請 此雖係崇獎節義之事 凡祀典體重 非帥臣所可擅請 況院宇追配 邦禁申嚴 如是狀聞 殊涉可駭 原狀啓還爲下送 兵使申德夏 從重推考警責 何如 傳曰 允

『隱峯全書』, 卷八, 「記事 壬丁忠節事蹟」

[高得賚]高平昌得賚居南原府 自少有氣節 登武科 嘗爲防踏僉使時 貢獻鹿皮 再三見却於水使 下吏謂公曰 自古代以牛皮 多用賂物 無憂 公第許之 果然 公卽親持其鹿皮 請謁於水使曰 欺上官 代供牛皮 烏無罪 水使大慙而衛公 未幾 奔母喪 水使使軍官搜公衙眷行橐 只有未粧弓一張 水使嘆服其亢直淸白如此 辛卯春日本請和 公知有大亂 與年少諸武士列坐 問曰 國家危亂 爲臣子者 當赴急而死乎 逃難而生乎 一人曰食祿之臣 何忍苟活 公哂而頷之 其忘身殉國之志 蓋素定矣 變初 爲右義兵將崔兵使副將 未入晉城也 除平昌郡守 官吏來迎 人皆曰 平昌僻邑 全家保身 莫如此地 公曰 賊兵鴟張 國勢危急 烏可爲自便之計 不赴 隨崔兵使 同入城死 宣廟遣官賜祭 贈嘉善大夫漢城府右尹 今配享于黃兵使旌忠祠

『性潭先生集』, 卷二十九, 「行狀 贈承旨安公行狀」

公諱瑛字元瑞 自號淸溪居士 順興之安 以高麗上護軍諱子美爲鼻祖 歷二世

有諱裕 都僉議中贊謚文成公 從享文廟 寔公十二代祖也 自是簪紳相承 曾祖諱
處順弘文博士 當己卯士禍 謝官還鄉 號思齊堂 有俎豆之享 祖諱瑑文行趾美 號
竹巖 嘗搆亭以望先壠 扁以永思 金河西題詩以美之 考諱善國司果 妣延安李氏
判書靑蓮後白之女 公以嘉靖乙丑五月十六日 生于南原府金陵里舊第 天資英邁
四歲而孤 李夫人自京第奉襯而返 伯父梅潭公昌國率育而敎之 李靑蓮甚加奇愛
而期以遠大 稍長志氣不羣 文藝益就 至於書法亦透趲勒之妙 奉慈闈盡其誠敬
每於癠憂 晝宵焦泣 禱天嘗糞 常以幼失怙爲至痛 甫踰成童 乃追喪廬墓以終三
年 二十委禽於梁鼓巖子灣之門 擩染旣深 斂飭愈篤 日必晨興整衣冠 謁家廟省
慈闈 退而危坐讀書 壬辰倭冦猝至 時適李夫人覲親在京 公將發省候之行 而兵
戈充斥 道路阻絕 及聞賊鋒犯京 大駕西狩 避亂士女多在江都 日夜號泣曰 今君
父蒙塵 亟當擧義勤王 因尋母氏所在 遂馳書于柳學諭彭老 同聲倡義 糾合衆旅
列邑士民之竄伏山谷間者亦皆感奮應募 乃相與謀曰 當此國勢泮渙 人心潰散之
日 不早建大將 無以鎭衆心 五月二十九日會于潭陽 推高霽峯敬命爲盟主 公與
柳公同爲從事 梁公大樸亦率兵從之 霽峯馳檄道內 期以自全州整旅北上 而到
恩津聞賊兵將踰錦山犯完山 公曰若失完山則勢無可爲 宜先救之矣 霽峯然之
七月初三日 移軍珍山 公於初七日上梅潭公書曰 來九日引軍直擣錦山 攻擊定
計 其軍器則先用震天雷 次用大銃筒 大破賊陣後 使善射者衝突以捕 而賊勢甚
熾 不可輕戰 義軍之北向無期矣 防禦使郭嶸引兵來會 與義軍爲左右翼 進屯城
外 義軍先發督戰 殊死力鬪 賊兵死傷者多 公謂霽峯曰賊情不可測 不如退而休
士卒 以圖更擧也 霽峯不肯曰爲國一死 臣子之職耳 翌日進軍挑戰 霽峯據盤楸
村前峯下寨 郭嶸止社稷堂後山結陣 官軍拒北門 義軍環東門 戰未合 賊空壁而
出 喊殺連天 勢若風火 諸軍次第崩潰 義兵終未免敗績 公馳出語柳公曰吾輩平
日所學何事 不知大將在處 獨自偸生 何面目立於世乎 遂與柳公奮劍幷馳 衝圍
而入 霽峯在亂兵中墜馬走逸 公以其所乘馬授之 而捍衛以從 霽峯勸公出避曰
我不幸戰敗 惟有一死 君可速出 公曰當與同死 何可捨去 及賊鋒大逼 遂死之
卽初十日也 時年二十八矣 賊退梅潭公馳往 因義兵僧收屍於積骸中 其所佩劍

玳瑁鞘而篆刻姓字 腰間錦囊繡忠孝二字 云是孺人梁氏所繡矣 葬于府南黑城山
乙坐之原 從先兆也 事聞褒贈掌樂院僉正 乙未特命旌閭 遣官致祭 後配享于錦
山從容祠 光州褒忠祠 腏享于南原旌忠祠 肅廟癸酉加贈承政院左承旨 配濟州
梁氏 其考卽鼓巖 墓在公兆下 有一男壽俊 孫男珌生二子后益 后岳出繼 后益生
二子□ □ 后岳生三子 □ □ □繼子克昇 克昇生二子長瓛 次幼 嗚呼 我東戎
亂 莫憯於壬辰 而忠義之士 亦莫盛於當時 有若趙重峯 高霽峯之錦山殉節 尤何
其烈烈 而其從事之同死 亦豈不卓偉哉 公之以妙年一書生 忠烈如此 實有以垂
耀百世矣 今公後孫瓛來 請余狀公行以闡揚 而自以其零替孤危 深懼公之遺蹟
泯沒者 亦足使人感慨也 謹第錄如右

『研經齋全集』, 卷五十九,「蘭室史科二 晉陽殉難諸臣傳」

高得賚南原人 擧武科爲防踏僉使 以廉潔稱 辛卯倭人請和 得賚知倭亂將作
與里中少年 雜坐歌呼 仍問曰國家將亂 當損生乎 抑且逃難乎 一人言食祿而不
可苟活 得賚笑頷之 壬辰從崔慶會爲副將 及慶會入晉州 行未發 朝廷除平昌郡
守 郡吏來迎 得賚曰賊勢鴟張 寧可自安 竄身僻邑乎 竟從慶會同日死 宣祖予祭
贈右尹 配南原旌忠祠

『淵泉先生文集』, 卷二十,「豐山洪奭周成伯著 題跋[上] 旌忠錄跋」

世未甞無人也 方海寓昇平 疆域無狗吠之警 公卿大夫參酣于富貴 視士之淪
棄草野 若鴻毛然 一朝有不虞變擧 勁擾不知所出 甚者遺君後親 以苟晷刻之生
而其倡大義肩大責 以一身當白刃而無悔者 往往出於平日所不識名姓之人 嗚呼
豈不悲哉 當萬曆壬辰間 島夷啓釁 視我耽耽 當路者晏然如忘 若黃武愍公進時
所謂鞣章一下僚耳 獨策冠朝夕必至 觀其買劍而歸 手草封事 欲請斬誤國者頭
其志氣可想也 暨賊騎長驅 王都失守 擁扜蠹列鼎茵者 奔竄相望 而公奮身州縣
間 以孑孑一旅 獨捍湖嶺之衝 所向輒有功 賊以百萬卒 攻晉州城十餘日不能克

幾遁者數矣 公死而晉始陷 然賊亦自是 不敢復北向者五年 識者以公與李忠武
舜臣 當俱爲中興元功云 當公死晉州時 有縣監高公得賚者 除官嶺東 不肯赴 卒
與公同日死 先是 布衣安公瑛 與高公敬命 同起義湖南 錦山之敗 脫所騎馬 以
與高公徒步行 格賊而死 時年二十八 公與二公 皆南原人也 鄉之士爲立旌忠祠
以享之 而黃公之後孫 又撰次其遺事 名之曰旌忠錄 余三復其書而悲之 嗟乎 自
古國家之難 未嘗不起於庸回貪懦竊位之鄙夫 而及其不幸有事 乃反使忠臣義士
當其禍 何哉 豈天之生忠義 固將欲表其節成其名 以之爲百世準 而不暇計其一
身之禍福歟 雖然 不用之於未亂之時 以弭生民之禍 而必用之於旣亂之後 使後
世悲其遇 又何哉 三公之所成就卓卓如彼 固不足以爲憾也 抑余又有所感焉 夫
南原在湖南 去京師千里而半 一時忠義之士 接踵于其間者 若是盛也 今之人取
士必京華 擇官必勢豪 嶇嶔逶迤 未嘗過而問焉 顧反曰世無人焉 可乎哉 余願以
是說 誦于處廊廟之上者 若諸公本末之詳 則有尤齋先生及趙文孝 張文忠 李文
簡之叙述在

▲남원 정충사

창주서원(滄州書院)

—

Ⅰ. 개설

① 소재지 : 전라북도 남원시 도통동 315번지

② 건립 연도 : 1579년(선조 12)

③ 사액 연도 : 1600년(선조 33)

④ 배향 인물 : 옥계(玉溪) 노진(盧禛)

⑤ 변천과 현황 : 1579년 남원시 금지면에 고룡서원(古龍書院)이라는 이름으로 세워졌으며, 1600년 사액되었다. 서원철폐령 때 훼철되었다가 1960년 지금의 자리로 이전하여 중건하였다. 이 서원에는 사우인 명덕사(明德詞)와 내삼문·강당·고직사(庫直舍) 등의 건물이 있다. 낮은 석축 위에 세워진 명덕사는 맞배지붕에 겹처마이다. 강당은 서쪽으로부터 방 2칸, 대청 2칸, 방 1칸의 순서로 구성되었으며, 정면에 퇴를 놓았다. 사우와 내삼문은 높은 석축담이 둘러 있다. 건실하게 지어진 강당은 근래에 세워진 것이다. 1984년 4월 1일 전라북도 문화재자료 제51호로 지정되었다.

▲ 남원 창주서원

▲ 남원 창주서원

충렬사(忠烈祠)

—

Ⅰ. 개설

① 소재지 : 전라북도 남원시 향교동

② 건립 연도 : 1612년(광해군 4)

③ 사액 연도 : 1653년(효종 4)

④ 배향 인물 : 이복남(李福男), 현산(見山) 정기원(鄭期遠), 임현(任鉉), 김경로(金敬老), 신호(申浩), 이덕회(李德恢), 이원춘(李元春), 오응정(吳應鼎) 등

⑤ 변천 및 현황 : 1612년에 창건된 충렬사는 1653년에 사액사당이 되었다. 정면 5칸·측면 3칸 규모의 팔작지붕 형태로, 창건 당시에는 남원성 전투에서 같은 날 전사한 전라도 병마절도사 이복남·접반사 정기원·남원부사 임현·조방장 김경로 등 4인을 모셨다. 곧 이어 별장 신호·판관 이덕회·구례현감 이원춘이 추가로 배향되었고, 1657년 방어사 오응정도 추가 배향되었다. 1868년 흥선대원군의 서원철폐령에 의해 훼

철되었다가, 1879년 다시 제단을 세우고 제향 하였으나 일제강점기 때 일본인들에 의해 제단이 파괴되었다. 광복 후 중건되었으며, 1979년 남원성을 지키다 순절한 지사들의 무덤인 만인의총(萬人義塚, 사적 제 272호)과 함께 재정비되었다. 사당 앞에 '남원충열사이건기실비(南原忠烈祠移建紀實碑)'가 있다.

▲ 남원 충렬사

—

풍계서원(楓溪書院)

—

Ⅰ. 개설

　① 소재지 : 전북 남원시 대강면 풍산리 137번지

　② 건립 연도 : 1788년(정조 12)

　③ 사액 연도 : 미사액

　④ 배향 인물 : 방촌(厖村) 황희(黃喜), 두암(杜庵) 오상덕(吳尙德), 당촌
(塘村) 황위(黃暐)

　⑤ 변천 및 현황 : 1788년 지금의 남원시 덕과면 시율리에 지어졌으나
현 위치로 이건했으며, 서원철폐령 때 훼철되어 황희의 영정만을 모셔오
다가 1909년 복원하였다. 매년 봄 3월 10일에 유림들이 모여 제사를 지내
고 있다.

　현재 서원 안에는 강당, 사당, 내삼문 등이 있다. 강당은 정면 5칸, 측
면 2칸으로 지붕은 팔작지붕의 형태이다. 왼쪽 1칸은 앞뒤로 두 개의 방
이 있고, 오른쪽 2칸은 각각 뒤쪽에 방이 1칸씩 있어 모두 방이 4칸이다.

왼쪽의 두 번째와 세 번째 2칸은 대청으로, 앞뒤가 툭 터져 있다. 중앙 상단에 '풍계서원(楓溪書院)'이라는 현판이 걸려 있다. 사당은 정면 3칸, 측면 반 칸 규모로 맞배지붕 형태이다. 서원 주위에는 돌담장이 둘러져 있고, 뜰 안에는 풍계서원의 기적비가 세워져 있다. 1984년 4월 1일 전라북도 문화재자료 제54호로 지정되었다.

—

호암서원(湖岩書院)

—

Ⅰ. 개설

① 소재지 : 전북 남원시 덕과면 만도리 682-1번지

② 건립 연도 : 미상

③ 사액 연도 : 미사액

④ 배향 인물 : 송강(松江) 이서(李舒), 병담(屛潭) 심구령(沈龜齡), 설천(雪川) 안성(安省), 소연(蘇沿), 매헌(梅軒) 소산복, 죽암(竹庵) 이당(李棠)

⑤ 변천 및 현황 : 조선 태종 때 영의정을 지낸 이서를 주벽으로 심구령, 안성, 소연, 소산복, 이당 등 6현의 위패를 모시고 있다. 이 서원은 본래 남원 진전방 성산 아래 호암사라는 이름으로 있던 것을 1789년(정조 13) 지금의 자리로 옮기면서 호암서원으로 이름을 바꾸었다. 흥선 대원군의 서원 철폐령 때 철거되었으나, 1960년에 복원하였다. 매년 3월 6일에 제사를 지낸다.

서원 안 건물로는 사당과 강당, 전사청, 외삼문, 고사 등이 있다. 외삼

문은 평삼문으로서 지붕은 맞배지붕의 형태이다. 강당은 정면 4칸, 측면 반 칸 구조이며 팔작지붕의 형태이다. 대청은 없고 모두 방을 만들어 놓았으며, 오른쪽 방은 미닫이로 칸을 막았으나 필요할 때 미닫이를 뗄 수 있도록 되어 있다. 왼쪽 두 번째 칸 쌍부에 '호암서원(湖巖書院)'이라는 현판이 있다. 내삼문은 솟을삼문으로 되어 있으며 지붕은 양기와를 얹었다. 삼문 밖에는 「호암서원묘정비(湖巖書院廟庭碑)」가 세워져 있다. 사당은 정면 3칸, 측면 1칸이며, 맞배지붕이다. 중앙에 호암사(湖巖祠)라는 현판이 걸려 있다. 1984년 4월 1일 전라북도 문화재자료 제55호로 지정되었다.

▲ 남원 호암서원

▲ 남원 호암서원 사당

환봉서원(環峰書院)

—

Ⅰ. 개설

① 소재지 : 전라북도 남원시 금지면 방촌리 1091번지

② 건립 연도 : 1856년(철종 7)

③ 사액 연도 : 미사액

④ 배향 인물 : 천만리(千萬里), 천상(千祥), 천희(千禧)

⑤ 변천 및 현황 : 이 서원은 1856년에 예조의 승인으로 창건이 계획되었으나 기금 조성이 원만하게 이루어지지 않아 창건이 미루어지다 1868년 흥선대원군의 서원철폐령에 의해 창건이 중단되었다. 1898년에 묘역이 정화되고 신도비(神道碑)가 세워졌으며, 1930년에 추원재(追遠齋) 터가 닦여졌다. 1961년에 각지에서 성금을 모아 묘역을 성역화 하였고, 이어 사우의 신문(神門)인 개념당(愾念堂)을 증축하고 담장을 보수하였다. 1996년 이후 중건 사업이 대대적인 규모로 계획되어 문중의 헌성금으로 대지 2,017평을 확보하고, 사우·서원·동서재·내외삼문·협문·관리실·담장·

부속시설 등을 차례로 중건하였는데, 그것은 2003년 4월의 일이었다. 사우인 환봉사(環峰祠)에는 영양천씨(穎陽千氏) 중시조(中始祖)인 천만리를 주벽으로 삼고 그의 아들 천상, 천희 삼위(三位)를 모시고 있다. 외삼문에는 태극무늬가 그려져 있다. 제향은 매년 한식 전후로 거행된다. 서원 입구에는 천상병 시인의 '귀천'이라는 시비가 있다.

▲남원 환봉서원

▲남원 환봉서원 사당

—

제2부
곡성 · 구례

—

구암사(龜巖祠)

—

I. 개설

① 소재지 : 전라남도 곡성군 입면 제월리

② 건립 연도 : 1799년(정조 23)

③ 사액 연도 : 미사액

④ 배향 인물 : 망세정(忘世亭) 심선(沈璿), 제호정(霽湖亭) 심광형(沈光亨), 두암(杜菴) 심민겸(沈敏謙), 구암(龜巖) 심민각(沈民覺)

⑤ 변천 및 현황 : 청송 심씨의 4현(四賢)인 심선·심광형·심민겸·심민각의 위패(位牌)를 봉안하여 제사를 모시는 사우이다. 1784년 옥과현 유생들과 1785년엔 순창 유생들이 4현들을 제향하기 위한 사우의 건립을 위한 통문을 내는 등, 유생들의 노력에 의해 1799년에 사우가 건립되었다. 그러나 1868년 흥선대원군의 서원철폐령에 의해 훼철되었다. 1905년 사우가 훼철된 터에 단(壇)을 쌓아 제사를 지냈으나 예식(禮式)이 소략하여 거의 형식에 불과하자, 그 후 후손들이 강당건립

을 계획하고 몇 해에 걸쳐 공사를 하여 1965년 복건 되어 지금에 이르고 있다.

▲ 곡성 구암사

남전사(藍田祠, 忠孝祠)

—

Ⅰ. 개설

① 소재지 : 전라남도 구례군 광의면 지천리 338

② 건립 연도 : 1786년(정조 10)

③ 사액 연도 : 미사액

④ 배향 인물 : 왕득인(王得仁), 왕의성(王義成), 왕지익(王之翼), 이원춘(李元春), 한호성(韓好誠), 죽와(竹窩) 이정익(李廷翼), 양응록(梁應祿), 고정철(高廷喆), 오종(吳琮)

⑤ 변천 및 현황 : 이 사우는 원래 왕지익을 배향하기 위해 1786년 세워졌다. 이때의 명칭은 남전사였다. 그 후 정유재란 때 구례현감으로서 왜적을 맞아 싸우다 순절한 이원춘을 함께 배향하자는 논의가 공론화되고 장소도 보다 더 넓은 현재의 광의면 지천리 지상마을로 옮기는 것이 좋다는 의견이 대두되면서, 1802년(순조 2) 사우와 전사청을 완공하여 그해 가을에 왕지익과 이원춘의 위패를 봉향하였다. 1803년에는 강당과 고직

사를 건립하여 사우로서의 제도와 규모를 갖게 되었는데, 이때 편액을 충효사(忠孝祠)라고 하였다. 1804년 왕득인과 왕의성에게 증직 교지가 내려지고, 1812년에는 이들에 대한 정려까지 내려지면서 이들과 함께 정유재란 때 의병을 조직하여 구례 석주관(石柱關)에서 왜적을 무찌른 소위 '석주관칠의사(石柱關七義士)'에 대한 선양 움직임이 일어나자, 1814년(순조 14) 이 사우에 이정익·한호성·양응록·고정철·오종 등이 추가 배향되었다. 그러나 1868년 흥선대원군의 서원철폐령에 의해 훼철되었다. 그 후 칠의사(七義士)의 위패는 '석주관칠의사단'으로 옮겨졌다. 현재는 충효사(구 남전사) 자리만 남아있다.

II. 서원 관련 자료

『韶濩堂文集定本』, 卷十三, 「權處士墓碣銘」

昔者孔子退鄕原而進狂狷 夫鄕原者 非之無舉 刺之無刺 爲衆人之所悅 平心而論之 蓋其中不盡無小廉小恥也 然以聖人至誠之心 恐其假僞浮沉 必貽害於人心風俗之間 故深惡痛絕而思及於狂狷 而況叔末之世 所謂鄕原者 亦未易多得 公淫肆愿 無所不爲 非之而無一行之不可舉 刺之而無一事之不可刺 并與其小廉小恥而棄去之者 騈肩接跡於天地之間 于斯之時 其尤捨狂狷而誰與哉 近時求禮縣 有狷者曰權處士諱圭字允長號小嶼 魁顔而疎鬚髯 事親孝 嘗值母病危 以石擊指取血以藥之 於書嗜讀論語 長於程藝 出入場屋者有年 見舉子輩納錢得選 慨然曰 吾安能與此輩角藝爭得失 亦何希望覬覦於若斯之世哉 遂絕不赴舉 縣故有藍田祠 處士嘗監祠事 期滿結簿 有餘穀一石 而不以入之于其家 性絕愛山水 每出至門外之溪 輒微吟洗濯移晷不返 飄然若與造物者遊矣 處士之先 蓋中國少昊金天氏之苗裔 東來爲金姓 至諱幸 以安東人 受高麗太祖之賜 爲權姓 傳至文正公諱溥 門戶大盛 以至于韓 有修義副尉諱曉 當世祖,代端宗之

時 恥不受從勳 遁終淳昌 子孫又再徙爲求禮人 祖諱德錘 考諱聖達 外祖瑞興金

相臣 生卒純祖癸巳五月四日 太上皇丙午二月二十八日 墓爲縣之丁莊先兆下丑

原 葬日爲卒之翌月二十五日 配南原尹致馨女 生後處士二年 而卒年與之同 子

三人錫一 錫五 錫祚 女一人嫁咸陽吳秉弼 孫五人 有遺詩一卷 銘曰 是惡可銘

之以匪實之詞 苟一字之匪實也 吾將見其望望然去之

도동묘(道東廟)

—

I. 개설

① 소재지 : 전라남도 곡성군 오곡면 오지리 466

② 건립 연도 : 1676년(숙종 2)

③ 사액 연도 : 미사액

④ 배향 인물 : 회헌(晦軒) 안향(安珦), 주자(朱子)

⑤ 변천 및 현황 : 별칭은 회헌영당(晦軒影堂)이다. 1984년 2월 29일 전라남도 문화재자료 제 29호로 지정되었다. 이 건물은 원래 1676년에 안호(安琥)가 우리나라 주자학의 시조인 안향과 송나라의 주자를 배향하기 위해 오곡면 승법리에 묘각을 건립하고 안향의 영정 진상(眞像) 1본을 이안하여 봄·가을로 제사를 지냈는데, 이 묘각을 도동사라고 하였다. 1790년(정조 14) 영당 창건지인 승법리에서 오지리로 이건하였으며, 1868년 흥선대원군의 서원철폐령 때 묘각이 훼철되었다. 1902년 도내의 유림들과 순흥안씨종문(順興安氏宗門)이 협의하여 주자를 주벽으로 하고 안향을 동

벽으로 하여 복설하였다.

　현재 이곳에는 정면 3칸·측면 2칸 규모의 맞배지붕 형태인 사우 도동묘와 강당인 소술재(紹述齋, 정면 3칸, 측면 2칸, 팔작지붕)가 있다. 사당인 도동묘에는 주자와 안향의 초상화(120㎝×80㎝)와 용의 모습을 한 향로, 술잔 등이 있다. 지방의 유림들이 해마다 3월 15일과 9월 15일 두 차례 제사를 지낸다. 이 도동묘는 현재 순흥안씨 곡성군 종친회가 관리하고 있다.

II. 서원 관련 자료

『松沙先生文集』, 卷二十三, 「道東廟 奉安朱夫子告由文」

　夫子道東 東以華矣 家戸戸祝 岡報嘉惠 矧玆道東 文成揭像 緬昔文成 瞻像宗仰 事亡如存 厥初敢忘 恭玆移繪 師生同堂 式瞻儀形 來學有光 伏惟尊靈 永世是憑

『松沙先生文集』, 卷二十三, 「道東廟 奉安晦軒安先生文」

　朱道東來 先生是功 是以象設 廟曰道東 緬昔先生 惟朱子師 如侍函席 揭像依歸 純陽秉德 奠玆東方 有來千世 寔宜同堂 睠彼北壁 典禮有闕 先生是悼 來士齋鬱 玆謀於衆 奉以周章 庶慰先生 吾道益光

▲ 곡성 도동묘

덕계사(德溪祠)

—

Ⅰ. 개설

① 소재지 : 전라남도 곡성군 오곡면 오지 4리

② 건립 연도 : 1814년(순조 14)

③ 사액 연도 : 미사액

④ 배향 인물 : 덕암(德巖) 이경(李璥), 서계(西溪) 남주(南趎)

⑤ 변천 및 현황 : 이경과 남주 양인을 배향한 사우이다. 곡성현감인 심문영(沈文永)이 1814년 남주를 배향하기 위해 사우을 세웠는데 그 사우를 서계사(西溪祠)라고 하였고, 1818년(순조 18) 봄 이 사우에 이경을 추가 배향하였다. 서원 철폐령 때 훼철되면서, 이경의 위패는 본손이 봉안하고 남주의 위패는 땅에 묻은 후 유지(遺址)에 단(壇)을 만들어 제사를 지내왔다. 1950년 이경의 후손인 이재근이 땅을 기증하여 1959년 지금의 자리로 옮겨 복설하였다. 복설된 사우의 명칭을 '덕계사'라고 하여 지금에 이르고 있다.

▲곡성 덕계사

덕양서원(德陽書院)

—

I. 개설

① 소재지 : 전라남도 곡성군 오곡면 덕산리 36번지

② 건립 연도 : 1589년(선조 22)

③ 사액 연도 : 1695년(숙종 21)

④ 배향 인물 : 신숭겸(申崇謙)

⑤ 변천 및 현황 : 고려의 개국공신인 신숭겸의 학문과 덕행을 추모하기 위해 그의 위패를 모시고 있는 이 서원은 1589년에 건립되었다. 정유재란 때 모든 건물이 불탔으나 1603년(선조 36) 중수되었으며, 1665년(현종 6)에는 원래의 서원 규모로 중건되었다. 1695년(숙종 21) '덕양(德陽)'으로 사액을 받았다. 흥선대원군의 서원 철폐령 때 철거되었다가, 1934년 유림들의 뜻에 의해 복원되어 지금에 이르고 있다.

건물은 강당, 동재인 연서재, 서재인 신덕재, 사당인 덕양사, 전사청, 외삼문, 내삼문 등이 있으며, 유적 유물로는 덕양서원 건사사적비, 강당,

연서재의 내부 현판 19개가 있다. 전라남도 지방 기념물 제56호로 지정되어 있다.

▲ 곡성 덕양서원

▲ 곡성 덕양서원

▲ 곡성 덕양서원 사당

매천사(梅泉祠)

—

Ⅰ. 개설

① 소재지 : 전남 구례군 광의면 수월리 672번지

② 건립 연도 : 1962년

③ 사액 연도 : 미사액

④ 배향 인물 : 매천(梅泉) 황현(黃玹)

⑤ 변천 및 현황 : 매천사의 건립 배경은 황현의 문하생들이 「매월음사(梅月吟社)」라는 시유단체를 조직하여 화엄사 · 천은사 등에서 매년 춘추로 시회를 열어 황현을 흠모하여 온 것에서 시작된다. 그 후 유림들이 성금을 모아 조선 시대 관아였던 '고각루'를 매입하여 운영하다가 1916년 이병호 외 72인이 구례군 토지면 용두리에 '용호정'을 건립하게 된다. 그리고 1950년대 초 황현의 제자 4~50여 명이 재산을 투자하여 황현을 배향하는 사우를 건립하고자 하였으나 돈이 부족하여 그 사우 건립은 유명무실해진다.

그러자 이 사우 건립을 위해 황현의 제자인 권홍수와 정상수, 그리고 황현의 증손인 황의강 등이 노력을 한다. 즉 권홍수와 정상수는 「매월음사」의 후신이라 할 「창의계(彰義契)」를 새롭게 조직하여 사우를 짓기 위한 돈을 마련하려고 했으며, 재력이 미치지 못하자 구례군수 하갑기에게 사우 건립 자금을 요청하였고, 이어 상공부장관의 희사금을 받아 사우 건립이 시작되기에 이른다. 그러나 부족한 돈 때문에 사우 건립에 문제가 생기자 황현의 증손인 황의강이 사재를 털어 사우 공사를 마무리하게 된다. 결국 1962년 봉안식을 거행할 수가 있었는데, 당시는 사우인 매천사와 내·외삼문, 그리고 일부 담장만을 공사했다. 물론 사당의 자리는 매천 황현이 생전에 세거하였던 집터였다. 이후 1970년경 군비를 보조받아 강당(講堂)을 건립하였고, 1985년 매천유물관이 건립되었으며, 1988년에는 경내에 「매천황선생묘정비(梅泉黃先生廟庭碑)」(김형재 찬, 정상수 서, 황의철·황의국 수, 고 185cm, 폭 54cm 후 24cm)를 세웠다. 최근에는 내·외삼문을 보수하여 오늘에 이르고 있다.

　　현재 매천사우 경내에는 사당인 매천사(정면 3칸, 측면 2칸, 맞배지붕), 매천유물관(정면 3칸, 측면 2칸, 팔작지붕), 강당(정면 4칸, 측면 2칸, 팔작지붕), 내삼문(성인문), 외삼문 등이 있으며, 「매천황선생묘정비」는 내삼문 우측에 있다. 그리고 매천유물관에 소장되어 있는 유물로는 황현이 생전에 쓰던 많은 유품(遺品)과 고서(古書) 등이 있다. 특히 『매천집(梅泉集)』과 『매천야록(梅泉野錄)』등의 원본이 있는데, 이중 『매천야록』은 국사편찬위원회에서 한국사료총서 제1권으로 발간되었다. 1984년 2월 29일 전라남도 문화재자료 제37호로 지정되었다.

▲ 구례 매천사

방산서원(方山書院)

—

I. 개설

① 소재지 : 전라남도 구례군 산동면 이평리 이촌마을

② 건립 연도 : 1702년(숙종 28)

③ 사액 연도 : 미사액

④ 배향 인물 : 추계(湫溪) 윤효손(尹孝孫), 벽송(碧松) 윤위(尹威), 최연 (崔衍), 백헌(白軒) 이경석(李景奭), 삼계(三溪) 최언수(崔彦粹)

⑤ 변천 및 현황 : 이 서원은 조선 전기의 문신인 윤효손을 배향하기 위해 1702년에 건립되었다. 1740년 무렵 구례군 중방리의 입향조인 윤위 를 추가 배향하여 주벽에 모셨고, 그 후 최연·이경석·최언수 등을 추가 배향하였다. 1868년 흥선대원군의 서원철폐령에 의해 훼철되었지만, 1985 년 중건하여 윤효손을 모셨고, 1994년부터는 윤위와 이경석을 함께 모셨 다.

현재 이 서원은 정면 3칸·측면 2칸 규모의 팔작지붕 사우인 모덕사(慕

德祠), 정면 4칸·측면 3칸 규모의 팔작지붕 재실인 추모재(追慕齋), 정면 5칸·측면 2칸 규모의 팔작지붕 형태인 강당, 내삼문인 거인문(居仁門)·외삼문인 경앙문(景仰門) 등으로 구성되어 있다. 내삼문 바로 앞에는 '방산서원묘정비(方山書院廟庭碑)'가 세워져 있으며, 강당 마당 옆엔 '방산서원유회기실비(方山書院儒會紀實碑)', '문효공추계윤선생사업추진기실비(文孝公楸溪尹先生事業推進紀實碑)', '방산서원복설기적비(方山書院復設紀蹟碑)' 등이 있다.

II. 서원 관련 자료

『承政院日記』, 경종 2년 7월 18일 (신축) 원본 542책 / 탈초본 29책 (38/48) 1722년 康熙(淸/聖祖) 61년

全羅道南原生員吳命厚等疏曰 伏以崇德象賢 有國之急務 旌孝表忠 昭代之美規 是以盛德世有祀 著於賢傳 邦家用祀典 詠於詩人 世苟有碩德宏儒 黼黻皇猷 致澤君民 開導後學 模範百代之功 則士林之尊慕 朝家之追報 宜如何哉 臣等所居之鄕 有方山書院 卽故左參贊文孝公尹孝孫 左尹臣崔荇 領議政文忠公臣李景奭安靈之所也 孝孫 幼有異質 年纔八歲 能行定省之禮 其父贈參判處寬 錫以嘉名曰 此兒幼穉 已著百行之源 當名以孝孫 及長 力學修行 務盡怡愉之色 中癸酉文科 選入集賢殿 天順丁酉 擢重試 歷司諫舍人 乙酉 遭父喪 哀毀踰節 設返魂堂於廬所 三時設奠 躬執祭需 自廬所距家 殆過一舍 每於朝奠之後 必徒步覲母 事死事生 一出純誠 服闋 拜禮曹參判 時有撰成經國大典及五禮儀註之命 孝孫之所裁定居多 事訖 以母老乞養 特除全州府尹 赴任所 別立小廚於衙舍 與其妻 共執滫瀡 以適甘旨之供 又能敬老恤窮 蔚有治績 成宗大王 特賜錦衣一襲 以褒獎之 丙申 以大司憲 又乞終養 還歸鄕里 丙子 遭母喪 守廬盡禮 一如前喪 己酉 以副賓客 齎表賀正于皇朝 竣事還 請依中朝享先聖禮 皆設饌卓 上

特允之 先是祭儀 因地而設 殊非崇敬之意 至是得正 辛亥 觀察海西 敎書若曰
孝友之化鄉里者 非一二計 聲名之動搢紳者 垂四十年 第緣愛日之誠 累上乞郡
之奏 行篤顏曾 人不間父母兄弟之言 治邁龔黃 民無有歎息愁恨之苦 蓋實際語
也 庚申 判禮部 初 王世子服制 與臣僚同 孝孫以爲 世子章服 無等級之別 殊
失貴貴之義 乃建議 卒定七梁遠遊冠之制 癸亥 陞左參贊 五月 遘疾以卒 訃聞
震悼 撤朝如儀 贈諡曰 文孝公 孝孫立朝 盡移孝之忠 事親 有格天之感 先朝獎
許之敎 易名之典 炳烺國乘 今可考也 左尹臣崔蓋 領議政諡文靖公恒之七代孫
司諫臣尙重之子也 稟性端重 濡染庭訓 自在孩提 在父母之側 怡怡愉愉 未嘗有
疾言遽色 恭儉守靜 篤學力行 丙戌 登文科 選槐院 甲午 遭父喪 與其弟承旨臣
蘊 講究禮制 治喪奉制 一遵朱文公遺訓 參以我東諸賢之論 備盡情文 靡有欠缺
至今爲搢紳家遵行之規 服闋 拜佐郎 未幾 遭世昏亂 觸忤權貴 棄職南歸 杜門
自靖者 十二年 逮癸亥反正之初 首被寵擢 召拜掌令 歷敭三司 聲聞藹蔚 章奏
凱切 知無不言 甲戌 以應敎 超拜承旨 丙子冬 以左承旨 隨駕南漢 負羈徒步
備嘗艱險 密勿謨猷 實多濟艱之效 丁丑春 下城還都 擢拜漢城府左尹 時當搶攘
之餘 國事多虞 每對廟堂諸臣 輒以鞠躬盡瘁 死而後已 勗勉甚懇 自以精力已耄
乞退還鄉 謝絶人事者 十有五年 終不出世路以終 嗚呼 蓋之忠孝 終始一節 癸
亥以前 則自廢者十二年 丙子以後 則屏退者十五年 是以孝廟致祭文 有曰 粵在
先朝 登崇俊良 君子彙征 鳴玉瑲瑲 惟卿忠樸 首被寵擢 講肄經幄 出入翶翔 柏
府 薇垣 振肅朝綱 執彎捍王 艱險備嘗 退食于家 優遊徜徉 畎畝思君 一飯寧忘
逮子嗣服 尙隔周行 不至耄期 胡遽云亡 邦之殄瘁 增子怛傷 嗚呼 此可見蓋之
事君立朝之本末矣 文忠公李景奭 係出璿源 德泉君厚生之六代孫 贈領議政惟
侃之子也 精忠大節 實爲國朝之名臣 全德純行 備載史牒之記實 則以臣等後生
末學 何敢形容其一二 第以先大王 親覽其遺集後御製詩 敬爲殿下 流涕而誦之
御製詩有曰 多年求覓得何遲 終日披看不知疲 忠款事君章奏見 誠純體國鬼神
知 先朝賜杖隆恩禮 聖祖頒柑荷寵私 德協台司眞宰相 宋朝文正可方之 嗚呼 休
哉 洪惟我先大王 追先朝禮遇之誠 託異代鹽梅之契 雲漢昭回 摸出景奭之平生

德業 無復餘蘊 隻字千金 聳動千載 此可以永有辭於天下後世 臣等更何言哉 第
以故名臣朴世堂所撰神道碑銘 有曰 三朝元老 一代忠臣 國內其家 主[全]不顧
身 丹誠炳日 素節凌霜 險阻艱難 亦旣備嘗 至信所孚 能感豚魚 德全行高 彤管
屢書 恣僞肆誕 世有聞人 梟鳳殊性 載怒載嗔 不善者惡 君子何病 我銘載石 人
之來敬 故相臣崔錫鼎所撰謚狀 有曰 忠孝節行 卓然爲一世之範則 當北使咆哮
事變橫出 禍機迫於呼吸 人心洶駭 舉國惶惶 公以渺然一身 不懾不挫 位在元輔
毅然自當 其視刀鋸鼎鑊 如衽席康莊然 非夫精忠諒節 冠絕乎等夷 卓識高見 素
講乎平昔 其孰能與於此 上之三十二年丙戌夏 以大臣 登對言公 事親至行 無讓
於古之萊石 遂命旌表其門閭 嗚呼 先朝眷顧之禮 其彼其隆摯 名臣狀德之文 如
是其炳烺 後生之觀感 國人之矜式 亶在於是矣 孝孫 荷 卽臣桑梓之鄉先生 而
李景奭 自少來往臣等之鄉 而逮夫晚節 嘗避北使 赤舄淹遲 遺跡依然 名區勝地
嘯咳之題猶存 懿範徽則 山斗之望尙切 街童走卒 皆稱以白軒先生 白軒 卽景奭
之號也 惟此三臣之遺風餘韻 蔚然爲百代之師表 故歲在甲戌 就其杖屨之所 建
祠俎豆 而號以方山書院 杜工部詩句中 宗臣則廟食 此可爲徵 而朱夫子所謂 永
前烈之風聲 俾後生之竦飭 可謂先獲 以臣等誠意之淺薄 尙未遑於請額之擧 臣
等不敏之罪 固難自免 伏乞殿下 念三臣忠孝之節 軫文敎丕闡之方 亟命有司 頒
賜恩額 表章碩德 振勵風化 千萬幸甚 臣等無任云云

『碩齋稿』, 卷八, 「答湖南諸宗」

先祖司業公 方因士論 欲躋享於龍章書院 而主享梁公朱雲年代 卽司業公八
十二年後人也 欲以司業公主享 梁氏不許 邑中又有文孝公方山書院 鄙意躋享
此院爲宜 乞賜明敎 示諭先祖司業公享院 卽吾宗七百年未遑之闕典也 昔張忠
文公 鄭威愍公廟食信州 以其衣履之所藏也 蘸丞相廟食泉州 以其旌蠹之所莅
也 游御史廟食建寧 以其家世之所籍也 朱夫子記而銘之 爲人傳誦 若司業公之
於南原也 旌蠹旣莅其境矣 衣履又藏其地矣 至於家世從以籍其鄉矣 有一於斯
尙有例之可按如此 況當時功德之及於人者 龍蛇化爲赤子 溝壑奠以安宅 南之

士女 至今感激而流涕 則環一府八千餘戶 雖戶祭而家祝可矣 今幸公議齊發 縟
禮將舉 則凡厥瞻聆 孰不聳然以喜也 但龍章則梁氏已主享矣 年代高於梁氏 而
因其事勢之冒碍 無以躋梁氏之右 神理人情不相遠 安有長者陪食少年之禮乎
方山則文孝公之祠也 文孝公 孫也 司業公祖也 以孫而配祖 於情於禮 俱得叶理
雖聖人復起 無容更議 須卽博采儒士之衆論 亟舉躋享之儀 以光吾宗 千萬幸甚

▲ 구례 방산서원

▲구례 방산서원

▲구례 방산서원 사당

영귀서원(詠歸書院)

—

Ⅰ. 개설

① 소재지 : 전라남도 곡성군 옥과면 겸면 현정리 391번지

② 건립 연도 : 1564년(명종 19)

③ 사액 연도 : 미사액

④ 배향 인물 : 하서 김인후, 월파(月坡) 유팽로(柳彭老), 청파(靑坡) 신이강(辛二剛), 설암(雪巖) 허소(許紹), 도봉(道峰) 허계(許繼), 존재(存齋) 위백규(魏伯珪)

⑤ 변천 및 현황 : 1564년 옥과 유림들이 옥과 현감으로 재임했던 김인후의 학문과 덕행을 추모하기 위해 건립한 사우로서 옥과면 죽림리에 영귀정사(詠歸精舍)로 세워졌다. 그로부터 130년 후인 1694년 영귀서원으로 발전하였다. 그 후 1729년(영조 5) 유팽로와 신이강, 1797년(정조 21) 허계, 1846년(헌종 12) 허소와 위백규가 추가 배향되었다. 서원 철폐령 때 철거되었으나 1960년 지금의 위치에 복원되었다. 현재는 김인후를 주벽

으로 유팽로, 신이강, 허소, 허계, 위백규 등 모두 6인의 위패를 봉안하고 있다. 매년 음력 3월 18일에 유림들과 후손들이 모여 제사를 지낸다.

II. 서원 관련 자료

『英祖實錄』, 卷87, 32年(1756 丙子 / 청 乾隆 21年) 4月 14日(辛亥)

○辛亥/玉果縣監宋明欽上書, 略曰:

臣前秋登對, 直由側席敦迫, 迴出常規. 臣旣入脩門, 逃遁不得, 黽勉趨承, 進退郞當, 寂寥陳說, 又不足以對揚下問, 至今思之, 惶愧欲死. 以邸下聰明濬哲, 於臣長短虛實, 豈有遺照, 而禮遇過隆, 奬諭有加, 旣許以銘心服膺, 又於前執義臣宋能相書批, 追繹臣言, 示以眷眷之意, 噫! 從古踈逖之臣, 得此於上者, 其有幾人? 臣旣感且懼, 不自知其何以致此. 或謂邸下方銳意學問, 急於求助, 適因賤臣之自至, 遂用隗始之故事, 思以風動四方, 以來賢俊. 信斯言也, 臣一爲死馬骨, 而以基邸下作聖之功, 以開東方太平之治, 則雖滅死無恨. 故臣之懸誠想望, 有倍前日. 側聽半載, 書筵之罕開如舊, 宮僚之罕接如舊, 施諸事爲, 發於辭令, 無可以徵立志・誠意之實效, 則竊想邸下深居宴安所, 用心不過贅御・玩戱之間. 而卽此措辭別諭, 不過爲循例應文之具, 如臣鄙卑固無足言, 而欲如是而感回草萊之退心, 其亦難矣. 此臣之愕然失圖, 叔然自愧, 不知所以自解也. 伏惟邸下以天縱之姿, 春秋鼎盛, 爲聖爲賢, 只在立志之如何. 又況元孫岐嶷, 已衣若干尺矣, 萬方輔導莫如身敎. 古人云, ‘欲爲惡, 看子不爲.’ 所謂惡者, 不必大叚過惡, 一念懈怠, 便是爲惡. 伏願邸下深究默察, 奮發自强, 搜羅巖穴, 勿拘爵祿, 盡誠招延, 專委輔導, 則盛德大業, 當日月將就. 如臣滓穢, 顧何足有無於其間耶? 臣卽一小吏, 不宜刺口論事. 至於民間疾苦・稼穡艱難・關係七事者, 本欲爲邸下一陳以效執藝之諫. 而自有道臣, 隨事申聞, 靡有遺策, 臣不敢越俎疊床, 謹依宋門監鄭俠圖上饑民故事, 略擧耳目所及, 以裨邸下仁術之一端焉. 臣伏見

今年失稔, 不至辛·壬, 而民生困窮反有甚焉. 蓋數歲間百穀不登, 至若木綿, 乃農民所以上應貢賦下資百需. 而七年被災白徵田稅, 饑寒切身救死不給, 而催糴徵番急於豐年, 桎梏桁楊如待盜賊, 宛轉叫呼, 無復人形. 壯散弱轉, 餓莩塞路, 如非歲末哀痛之敎·停捧之令, 則黎民幾無孑遺矣. 惟其停糴之不早, 以致賑事之過時, 死者不可復生, 流者不可復追, 枯爲鬼魅者, 不可復蘇, 强爲盜賊者, 不可復安. 加以疫癘幷熾, 饑者先病, 散糧饋粥, 相枕而死, 蘇軾所謂'救之之遲, 費多而無益'者, 不幸近之. 目今霂澤旁流, 萬物含春, 而哀此惸獨, 獨無生意. 草根木皮不足充饑, 農月已盡, 東作無望, 而春稅催科, 從以鞭督. 最是大同作布, 尤似龜背刮毛, 民情洶懼, 甚於冬間, 其勢又將襁負四散矣. 臣歷考國家傾覆之禍, 無不由盜賊, 盜賊竊發之患, 無不由饑寒, 張角·葛榮·李特·自成之類無非流民也. 近者凄風霜雹, 兩麥皆病, 不幸又有方數百里之旱, 則雖有志者不及爲之謀矣. 思之及此, 凜然寒心. 謹按『周禮』荒政十二, 一曰散利, 二曰薄征. 解之者曰, '散利是發公財之已藏者, 薄征是減民租之未輸者,' 此兩者, 荒政之大綱也. 臣愚死罪, 欲望邸下, 亟詢廟堂, 姑停今春貢賦未輸之類, 使各自爲生. 特罷諸道羨餘別備之法, 使專意賑貸, 則所謂薄征·散利之要, 無踰於此. 又宜崇儉節用, 以廣儲畜, 勞來補助, 以勸耕種, 修器械廣緝捕, 以禦寇竊, 此又鞏固邦本, 消弭亂萌之急務. 伏望留神裁察焉. 臣竊觀湖南一路, 土地廣饒, 歲入租稅, 當經費之半, 若中國之有江淮也. 當壬辰板蕩之際, 七路蕩析, 三京丘墟, 其外應天兵, 內供行在, 調兵給餉, 以基中興之業者, 專藉此路. 當是時祖宗培養之力甚厚, 群賢敎育之功方新, 故人材輩出, 人心向上, 其敵愾死事, 如子弟之衛父兄, 終能挫折凶鋒, 以集大勳. 今紀綱日頹, 風俗日壞. 戊申以後, 人心詿誤, 義理晦塞, 倫常斁絶, 亂賊接踵, 變怪相仍. 蓋其俗尙鬪訟喜夸詐, 賤名檢貴功利, 專以義氣相馳逐, 不肯讀書·守靜, 故難治而易亂. 失今不治, 將不待百年而戎矣. 臣聞移風易俗, 莫先於敎化, 立敎敦化, 莫先於學校, 建學立師, 莫先於尊賢象德. 是以自三代盛時, 以至我朝列聖, 率由是道. 而朱子之於治郡, 首先訪求遺(蹟)[賢], 雖一節之士, 必爲之褒揚建祠, 此實衰世之意也. 臣莅任未久, 姑未暇

修興學校. 而臣之縣治, 有所謂泳歸書院者, 卽先正臣金麟厚俎豆之所, 而節死臣柳彭老執義臣李興浡配焉. 建祠已久, 尙未賜額, 廟宇頹毁, 衿紳凄涼. 間有志學而未能者, 問其由, 則'邇荒儉陋, 絶不蓄書, 雖大州校·院, 不藏經籍, 由是貿貿墻面, 壞了許多美質, 誠可歎惜. 臣伏念麟厚以高資正學, 際遇孝陵, 明良相契, 實吾東千一之會. 而天不欲治, 遽爾賓天, 麟厚痛冤含恤, 如不欲生. 每於諱辰, 獨入深山, 終日痛哭, 屢有除召而不應命. 先正臣宋時烈撰其墓碑, 有日, '以一心而涵三才造化之(竗)[妙], 以一身而任萬世綱常之重.' 又日, '明知達識, 超乎事物紛糾之表, 深造厚積, 進乎精密正大之域. 至其淸風大節, 聳動震耀, 使之頑廉而懦立, 則雖謂之百世之師可也,' 卽此數句, 可以想像其造詣樹立之大致矣. 顯廟壬寅, 賜額于長城之筆巖書院, 命贈吏曹判書兩館大提學, 賜諡日文靖. 彭老卽本縣人, 壬辰之亂, 以成均學諭, 扈駕西行, 有執政宰臣, 奪騎馳去, 彭老徒步還鄕, 與隣邑義士安瑛·梁大樸等, 共擧義旅, 推前參議臣高敬命爲帥, 與文烈公臣趙憲, 同死於錦山, 宣廟聞而愍之, 贈左承旨, 旌其閭, 賜額于光州之褒忠祠. 興浡卽文靖公臣李穡之後, 讀書守志, 廢科昏朝, 擧癸亥進士, 丙寅冬, 與同志數十人, 上疏請斬虜使, 辭氣凜烈. 丙子之亂, 以玉果縣監, 聞南漢下城, 痛哭棄官而歸, 隱於巖穴, 累除憲職及大邑, 終不起. 其治縣大有儒化, 士民爲立興學碑, 至今頌慕不衰. 嗚呼! 右三臣俱以微官遠臣, 遇變自靖, 忠節卓然, 居家孝友, 化及隣里, 其德行義烈, 允合祀典. 流風遺愛, 終不可泯, 而無人表章, 將鞠爲茂草, 有識之竊歎久矣. 伏望仰懇大朝, 宣賜恩額, 仍命有司, 考出宋朝白鹿書院·國朝文會書院故事, 頒賜經籍, 驛遞以送, 以示褒忠尙賢右文崇化之意, 則本縣士民之懽忻鼓舞, 歌詠聖澤, 固無暇言, 而南方學者, 必多聳動振作. 藏修講習於其中者, 迎致宿儒, 使任訓迪, 修其孝悌禮義, 敎以親上死長, 拔其俊髦, 賓興于朝, 則未及十年, 將見家絃戶誦. 士習丕變, 義理旣判, 志氣日强, 隱然作一長城矣. 豈不愈於養兵十萬乎? 議者或當謂麟厚·彭老, 旣各有祠院, 不宜疊設. 然南土僻遠, 文敎未敷, 書院鄕社絶無, 而僅有不比內地諸邑之爭相廣設, 反爲文弊. 況且本院已建於禁令之前, 特以士氣卑弱, 未敢請額, 今若仍其

舊屋, 揭以恩額, 則不礙格例, 而收功則大, 此亦興起斯文, 挽回世道之一好機
也. 伏乞睿慈, 特垂諒探, 勿以人而廢言.

　　王世子優批以答:“所陳民事, 令廟堂稟處, 仰稟大朝事, 亦令登對以稟.”

▲ 곡성 영귀서원

죽연사(竹淵祠)

―

Ⅰ. 개설

① 소재지 : 전라남도 구례군 문척면 죽마리 609-1

② 건립 연도 : 1797년(정조 21)

③ 사액 연도 : 미사액

④ 배향 인물 : 문산(文山) 고효시(高效柴), 취아(醉啞) 고원후(高元厚), 사제당(思齊堂) 안처순(安處順), 송암(松庵) 정태서(鄭泰瑞)

⑤ 변천 및 현황 : 고효시의 호를 따라 문산사(文山祠)라 부르기도 한다. 이 문산사는 1797년 고효시와 그의 손자인 고원후를 배향하기 위하여 후손과 문인들이 사우 건립을 발의하여 건립되었다. 1802년(순조 2) 구례현감을 역임한 안처순이 추가 배향되었고, 1811년(순조 11)에는 효행으로 널리 알려진 정태서가 추가 배향되었다. 1868년 흥선대원군의 서원철폐령 때 훼철되었다. 훼철된 후, 고효시와 고원후의 위패는 사우 뒤편으로 이안되었고, 안처순의 위패는 그의 후손들이 남원의 영천서원(寧

川書院)으로 이안하였으며, 정태서의 위패는 구례읍 봉서리 동산마을로 이안되었다. 1955년 고효시의 후손들이 발의하고 유림들이 힘을 합쳐 중건되었다.

현재 죽연사에는 동재와 서재가 소실되고 없고, 사우인 문산사, 신문(神門), 대문, 강당인 백원당(百源堂), 전사청 등이 있다. 사우인 문산사는 정면 3칸·측면 1칸 규모의 맞배지붕 형태이고, 강당인 백원당은 정면 4칸·측면 2칸 규모의 팔작지붕 형태이다. 외삼문인 대문채는 정면 3칸·측면 1칸의 규모로 양쪽 칸에 창고를 들이고 중앙을 통해 출입하도록 되어 있다. 매년 유림들과 후손들이 2·8월 중정(中丁)일에 제사를 지낸다.

▲구례 죽연사 사당

▲구례 죽연사

—

제3부
함 양

—

구천서원(龜川書院)

—

Ⅰ. 개설

① 소재지 : 경상남도 함양군 수동면 우명리 820-1

② 건립 연도 : 1701년(숙종 27)

③ 사액 연도 : 미사액

④ 배향 인물 : 춘당(春塘) 박맹지(朴孟智), 남계(南溪) 표연말(表沿沫), 일로당(逸老堂) 양관(梁灌), 구졸암(九拙菴) 양희(梁喜), 우계(愚溪) 하맹보(河孟寶), 금재(琴齋) 강한(姜漢), 서계(西溪) 양홍주(梁弘澍)

⑤ 변천 및 현황 : 1701년 지역 유림들과 후손들에 의해 건립되었으나, 1868년 흥선대원군의 서원철폐령에 의해 훼철되었다. 후손들이 수계하여 구천재(龜川齋)라는 제실과 비를 유허지에 세우고 예를 드리다가 1984년에 복원하였다. 1993년에는 서계 양홍주의 위패를 봉안했다.

현재 이 서원엔 사우로 구천사(龜川祠), 2006년에 재건축한 강당인 구천당(龜川堂) 그리고 내당이 있으며, 또한 서원 터 안에 '구천서원묘정비

(龜川書院廟庭碑)'와 '구천서원유허비(龜川書院遺墟碑)'가 있다. 정문은 청순문(淸純門)이다. 매년 유림들과 후손들이 3월 중정(中丁)일에 제사를 지낸다.

II. 서원 관련 자료

『藍溪先生文集』, 卷三, 「龜川書院列享位」

吏曹參判 兩館提學 贈吏曹判書藍溪表先生

校理春塘朴先生 諱孟智 羅州人

同敦寧逸老堂梁先生 諱灌 字沃之 南原人

縣監琴齋姜先生 諱漢 字宗于 晉陽人

吏曹參判 贈吏曹判書九拙齋梁先生 諱喜 字懼而 逸老堂孫

處士愚溪河先生 諱孟寶 字大哉 晉州人

『藍溪先生文集』, 卷三 「龜川書院奉安文 縣監鄭岐胤」

惟我先生 師事佔畢 薰陶涵泳 服膺弗失 幼學壯行 有志君民 盡禮事君 修己安人 君子道消 命與仇謀 群小惱淫 亦孔之憂 一網而打 善類云亡 爰及暗襲 并命罹殃 謂之何哉 天理茫茫 斯文氣沮 邦國殄瘁 吾黨之悲 久而未已 賢者之天 百世乃定 增秩襃美 追雪冤枉 惟孝惟忠 可質神明 俎豆未遑 蛾子歎焉 嗚呼先生 有不可護

『藍溪先生文集』, 卷三, 「龜川書院上樑文 教官崔是翁」

蔚然輩出于鄕 宜爲士林之矜式 沒而可祭於社 爰擧廟享之盛儀 煥矣維新 成之不日 念玆一區之天嶺 素稱三韓之地靈 孤雲之惠化大行 俗躋鄒魯 一蠹之遺

芬未沫 道接關閩 蓋有薰德而善良 亦多聞風而興起 春秋詩禮之有敎 絃誦洋洋
東西院祠之相望 俎豆處處 顧惟七賢 初議幷享李靑蓮後白 之行義 實爲百世之
欽崇 春塘之還學行藏 豈東峯之敢擬 逸老之懿行風範 與松堂而堪倫 仰止高山
琴樽彭澤之襟韻 瞻彼藍水 學問佔畢之淵源 拙爺之節義忠貞 帝庸嘉尙 蓮翁之
文章事業 世爭推尊 況愚溪至孝之感天 類古人寒氷之躍鯉 斯皆間世之人傑 雖
異代而齊芳 亦見故家之天才 有以孫而承祖 入而振作乎儒化 郁郁乎文 出而黼
黻乎王猷 巍巍其蹟 豈但當時之模範 實是後學之師宗 代謝有期 奈此龍亡而虎
逝 光陰易改 秖增羹慕而墻思 衆議愈久而不泯 寧無報祀之道 多士合志而同力
聿懷安靈之方 擇必處仁 里旣稱以孝友 名固有實 俗亦尙其謹愿 揭嘉名以龜溪
伐瑰材而鳩聚 受規三農之郶 應響百里之間 見氓俗之爭先 可知仁聲之深入 瀝
肝膽而恐後 何患大事之難成 匪樸匪雕 足寓章甫之景仰 苟完苟美 允合君子之
芋寧 議於前而成於今 數固存矣 尊以道而享以禮 一大幸焉 少長拭目而聳觀 儒
林動色 遠近噴舌而興喟 吾道增光 玆實曠百之鴻休 可無於萬之燕賀 遂將短引
助擧脩樑 抛樑東 鉢巒蒼翠映簾櫳 學山氣像當如此 屹立千秋倚半空 抛樑西 一
帶瓊瑤瀉碧溪 看取滔滔流不捨 盈科學業與之齊 抛樑南 智異千峯聳翠嵐 入戶
端爲仁者樂 尋眞何必海中三 抛樑北 德裕山色通宸極 南翁稽首祝無疆 海國文
明傳萬億 抛樑上 日月星辰光朗朗 委照人寰作福祥 淪精厚士除災障 抛樑下 滿
庭槐影陰黌舍 先賢手澤尙今存 嗟爾生徒勤早夜 伏願上樑之後 烋烋胄子 翼翼
小心 執爾豆 儐爾籩 無忝享禋之節 想其人 慕其德 益盡講劘之誠

『藍溪先生文集』, 卷四,「龜川書院請額疏 李大淵 沈休彦 韓致淳等」

伏以臣等 謹伏稽我朝祠院之規 必於先賢毓靈之地 講道之所 而俎豆之 凡爲
一代之師表 百世之儒宗者 輒賜額而表章之 此豈非闡明吾道 嘉惠後學之成法
美典耶 嶠南七十餘州 卽古所稱鄒魯之鄕 而儒賢之輩出 咸陽爲最 有日龜川書
院 故兩館提學 贈吏曹判書臣號藍溪表沿沫 故校理臣號春塘朴孟智 故同敦寧
臣號逸老堂梁灌 故縣監臣號琴齋姜漢 故吏參贈吏判臣號九拙菴梁喜 故處士臣

號愚溪河孟寶餟享之所也 此六賢之中 表沿沫之行狀實蹟 略以謹具於左 伏乞
特爲垂察焉 沿沫起自草茅 有文學雅致 在儒林則譬之如鷄群獨鶴 揚于王庭 則
望之若秋天一鶚 嘗事親盡孝 服喪盡禮 時士大夫家喪葬 皆用七七之法 而惟沿
沫不用 一從聖賢禮制 士類皆效焉 文簡公臣佔畢齋金宗直爲咸陽守 以沿沫孝
行 薦于監司 沿沫以書請止 宗直尤賢之 答以移孝爲忠 成廟朝 歷翰林 選湖堂
至拜兩館提學 嘗於廢朝 諫舟下龍山 以寅規諷 故獻納臣金馹孫 稱沿沫之詩 能
振大雅之風 文忠公臣柳成龍曰 沿沫聰明絶人 文章鳴世 門路之正 風節之直 百
世之師表也 及其戊午之禍 謫卒于慶源 中廟丁卯 因金欽祖 鄭忠樑等疏論 雪其
冤 致其祭 蒙贈爵之典 文正公臣趙光祖筵稟曰 表沿沫褒揚 則可以扶植斯文 文
翼公臣鄭光弼及申用漑 金詮獻議曰 表沿沫學術醇正 踐履篤實 一時學者 所共
推服 特贈其爵 歲廩其家 錄用子孫何如 上曰 表沿沫家在咸昌云 其境內村巷
掛榜知委 使學者知國家表賢之意爲敎 嗚呼 沿沫之行狀實蹟 不爲不多 然未能
畢具 而略舉大槩 且沿沫與文獻公臣鄭汝昌 文簡公臣鄭蘊 文孝公臣盧禎 生并
一鄕 道德文章 忠孝節義 同爲百世之儒宗 而若灆溪院 塘洲院則皆蒙賜額之典
惟此龜川一院 獨爲聖朝之闕典 廟貌荒涼 未免有向隅之嘆 其於諸儒賢一體尊
奉之義 豈非後學之所抑菀者耶 臣等不遠千里 相與伏閤 伏願邸下 特察表沿沫
之學問節行 特垂一額表章之典 臣等不避瀆擾之誠 謹冒死以聞

『舫山先生文集』, 卷二,「龜川書院遺墟」

先生早歲著眞工 私淑冥翁道與同 壁上煌煌題敬字 宗門旨訣一言中
廣陵虜陣結長蛇 北望悲歌皓髮斜 萬事湣灘那忍說 大明春色一梅査

▲ 함양 구천서원

▲ 함양 구천서원 사당

남계서원(藍溪書院)

Ⅰ. 개설

① 소재지 : 경상남도 함양군 수동면 원평리 586-1번지

② 건립 연도 : 1552년(명종 7)

③ 사액 연도 : 1566년(명종21)

④ 배향 인물 : 일두(一蠹) 정여창(鄭汝昌), 개암(介菴) 강익(姜翼), 동계(桐溪) 정온(鄭蘊), 임계(林溪) 유호인(俞好仁), 송탄(松灘) 정홍서(鄭弘緖)

⑤ 변천과 현황 : 우리나라의 서원들 중 소수서원(紹修書院)에 이어 두 번째로 세워진 유서 깊은 이 서원은 정여창의 학문과 덕행을 추모하기 위해 세워졌다. 1566년(명종 21) '남계(藍溪)'라는 이름으로 사액되었고, 1597년(선조 30) 정유재란 때 불에 타 소실되었으나, 1603년 나촌(羅村)으로 옮겨 복원하였으며, 1612년 서원의 옛 터인 지금의 자리에 중건하였다. 숙종 때 강익과 정온을 추가로 배향하였으며, 별사(別祠)에는 유호인과 정홍서가 배향되어 있다. 서원철폐령 때 별사는 헐렸으나 서원은 헐리

지 않았다. 1974년 2월 26일 경남 유형문화재 제91호로 지정되었다.

서원에는 왕이 하사한 『어정오경백편(御定五經百篇)』5권, 『경서정문(經書正文)』4권을 비롯한 다수의 고서들이 온전하게 보관 전수되고 있어 전통 제례양식 등을 연구할 수 있는 중요한 학술 자료가 되고 있다.

이 서원의 배치 양식은 조선시대 서원의 특징인 전저후고(前低後高) 지형에 전학후묘(前學後廟)의 구성을 따르고 있다. 제향공간에는 사당·동무(東廡, 성현을 배향하는 공간)·내삼문이 있는데, 사당에는 정여창을 중심으로 좌우에 정온과 강익의 위패가 봉안되어 있다. 강당인 명성당(明誠堂)은 마루와 좌우 협실로 이루어져 있는데, 왼쪽 협실은 거경재(居敬齋)이고 오른쪽 협실은 집의재(執義齋)이다. 유생들의 생활공간으로서 동·서재인 양정재(養正齋)와 보인재(輔仁齋)가 있고, 장판각(藏板閣), 풍영루(風咏樓), 묘정비각(廟庭碑閣)이 있다. 동재와 서재 남쪽에 각각의 방형연지(方形蓮池) 2개소를 조성하여 독특한 방식을 보여주고 있다.

II. 서원 관련 자료

『承政院日記』, 숙종 15년 윤3월 9일 (병오) 원본 334책 / 탈초본 17책 (43/43) 1689년 康熙(淸/聖祖) 28년

○ 慶尙道生員梁天翼等疏曰, 伏以臣等, 竊伏念尊道而尙賢者, 有國之先務也. 道不尊則無以成至治, 賢不尙則無以振風化, 道苟可以尊, 賢苟可以尙, 則豈可以前日之曠闕, 而靳後日之祀典哉? 道內咸陽, 有故參奉臣姜翼, 卽一世之儒宗, 百代之師表, 而嫡傳先正臣文獻公鄭汝昌之道脈者也. 士林尊慕而俎豆之者, 蓋已久矣. 尙在鄕祠, 未得配汝昌, 而躋享於賜額之院, 不但公論之愧, 士類嗟惜, 實有歉於國家尊尙之道矣. 臣等, 乃敢刳刌肝裹足, 仰陳冤旒之下, 伏惟殿下垂察焉. 臣等, 竊伏見姜翼, 資稟純粹, 氣宇峻整, 早悟爲己之學, 獨得趨向之正,

其律身之功, 履道之則, 動遵古人繩墨, 而事親, 以養志爲先, 刑家, 以禮敬爲務, 守己也簡而重, 接人也和而嚴, 寢寐伊洛之學, 探賾性命之源, 玩心圖象之玄徵, 允蹈賢聖之軌躅, 表裏交養, 酬酢合宜, 望之可畏, 卽之可愛, 人無賢不肖, 莫不有以感發興起, 雖未敢窺測其造詣之淺深, 而緒言餘風, 猶足以範世師俗, 此翼之爲一世儒宗也. 後汝昌十數年, 而生於汝昌之里, 慕其風而尊其道, 其醇正之學, 踐履之篤, 實汝昌心傳神授之正脈也. 時當士禍之餘, 士氣已喪, 諱言道學, 而翼, 慨然以道自任, 創院而祀汝昌, 講學而尊汝昌, 使汝昌之學, 已絶而復續, 使汝昌之道, 旣晦而復明, 能以汝昌之道學, 終得以大彰明於世, 而不泯於後者, 實翼之功, 而我東斯道之脈, 賴是而光明, 此翼之爲百代師表也. 奧在明廟朝, 先正臣吳健, 薦其賢, 而明廟嘉之, 特降召命, 庶將有爲於世, 而天不假年, 壽至四十, 卒不得展施其所學, 豈非吾道之不幸也? 然其高世範俗之懿行, 明道啓學之大業, 至今照人耳目, 可以指南於後世矣. 臣等, 竊伏見先正臣曹植・盧禛・金宇顒, 或許以信道之篤, 或稱其心學之正, 或指爲濁俗之砥柱, 至於先正臣吳健之挽曰, 天懼吾東道不明, 旣生文獻又先生, 先正臣鄭蘊之狀曰, 用力於誠正之功, 自當時諸賢, 已極推許之盛, 則非特可祭於鄕社也, 明矣. 況又咸陽藍溪書院, 是翼爲汝昌所創建也. 生而尊祀, 歿而配食, 固合義理之正, 而賜額重地, 不可私自附享, 姑先權立鄕祠於汝昌廟近地, 仍以先正臣文簡公鄭蘊同享焉. 以爲次第陳請之計, 而遐方韋布, 上達未易, 因循苟安, 公議大激, 頃於乙卯之歲, 臣等, 抗章叫閤, 請以姜翼・鄭蘊, 同配于汝昌之廟, 蓋以汝昌之學, 一傳于翼, 而爲道德之醇儒, 再傳于蘊而爲精忠大節之臣, 三賢一堂, 竝美而無憾也. 第於其時, 典禮之臣, 單舉蘊而回啓, 故蘊則已蒙恩許而陞配, 翼則尙享于鄕祠, 豈非翼不幸早世, 位未滿德, 而當世耳目之近, 不如蘊而然耶? 若以爲微而不顯, 則一時名賢臣之所嘗推重者, 實非阿好溢美之言, 其身雖微, 其道已顯, 豈可以名位之卑微, 而掩其道德之尊顯哉? 顧以翼之道德言之, 鄕祠, 非必爲損, 陞享, 非必爲加, 而翼・蘊之於汝昌, 旣如曾・思之於孔聖, 固當同堂而配食, 不可一陞而一否也. 況蘊之學, 私淑於翼, 而先配于汝昌, 翼之學, 私淑於汝昌, 而反不得配

汝昌, 則不亦有違於尊道之統乎? 且以前事言之, 東方古無書院, 先正臣周世鵬,
始創文成公安裕 竹溪書院於豐基白雲洞, 後人, 仍以世鵬, 配其享而無異議, 今
翼之藍溪書院, 亦竹溪後始創, 而尊德倡學之功, 尤萬萬於世鵬, 則獨不如世鵬
之配食者, 竊恐有欠於事理之當然也. 傳曰, 德不孤, 必有隣, 汝昌, 旣以大賢,
血食百世, 而其傳道緖, 如翼, 至誠尊信, 如翼, 終不得配食一堂, 宛若函丈之從
容, 則士林之鬱抑, 固已大矣. 而斯文之欠典, 又如何哉? 臣等之所以一請再請,
而不知止者, 非有所私尊也. 俱居後學之列, 久沐遺化之中, 知翼道德之盛, 莫臣
等若也. 則千里控章, 同聲叫閽, 實出於秉彝好德之心, 而有不容自誣者矣. 伏
願殿下, 特垂睿察, 亟擧墜典, 許令翼陞配于藍溪書院, 則可以振儒風, 可以賁治
道, 豈但臣等之幸? 實國家右文之休矣. 臣等, 不勝戰灼祈懇之至. 答曰, 省疏具
悉. 疏辭, 令該曹稟處.

『宣祖實錄』, 卷206, 39年(1606 丙午 / 명 萬曆 34年) 12月 26日(庚申)

○慶尙監司柳永詢馳啓曰: "道內列邑, 爲先賢立祠宇, 春秋香火, 傍建講堂齋
舍, 以爲士子藏修之所者, 非止一二. 如星州之川谷書院, 因其地有伊川, 雲谷之
名, 奉安程, 朱子位版; 善山之金烏書院, 因冶隱先生吉再所居之鄕; 玄風之雙溪
書院, 因寒暄先生金宏弼所居之鄕; 咸陽之藍溪書院, 因一蠹先生鄭汝昌所居之
鄕, 在平時, 一道士子, 同力建設, 聞于朝廷, 特賜扁額, 而不幸, 兵火竝被灰燼.
今者士子等, 各出財力, 地方之官竝力扶助, 依舊重建, 妥靈有所, 極可嘉尙. 前
日賜額, 無有存者, 逮玆重建, 有院無額, 無以示國家表章昭揭之義, 殊爲欠闕.
朝廷特令申賜, 以光斯文, 不勝幸甚. 其中南溪先生曺植, 學行道德, 竝美於前
賢; 士子之欽慕, 亦不減於前賢. 平時營建書院於晉州之德山舊居之傍, 而亦爲
兵火所及, 今方重建, 依他書院例, 竝命賜額, 以示朝廷右文重道之意. 詮次善
啓." 啓下禮曹. 禮曹啓目: "粘連啓下. 川谷, 金烏, 雙溪, 藍溪四書院, 平時特賜,
扁額額名以此書之, 令本道相考啓聞後, 特令申賜爲當. 曺植學行, 竝美於前賢,
今於書院之創設, 依他書院, 竝命賜額, 允合於右文重道之意, 係是恩命, 上裁施

行何如?"“啓依允. 曾已賜額處則賜額; 新建處則賜額安徐."

『仁祖實錄』, 卷29, 12年(1634 甲戌 / 명 崇禎 7年) 3月 16日(壬寅)

○壬寅/慶尙道安陰士人愼景稷等上疏曰:

伏以, 先正臣鄭汝昌, 啓發後學, 扶衛吾道之功, 非假臣等一二談, 而汝昌, 弘治甲寅, 出宰本縣, 在任五年, 所以施仁政, 興文敎者, 不可與尋常循吏擬倫. 越在平時, 立碑建祠, 名之曰龍門書院, 蓋在縣時逍遙之地也. 縣人林薰, 林芸兄弟, 私淑汝昌之學, 靜養山林, 動慕聖賢. 玆皆一國之善士, 故以此配食. 咸陽, 是汝昌所居之鄉, 而已得藍溪書院之賜額, 則臣等桐鄉之爲汝昌興感者, 亦何異於彼哉? 伏願特賜額號, 賁飾文敎.

答曰:“一人書院, 處處賜額, 似或未妥, 徐議處置."

『高宗實錄』, 卷8, 8年(1871 辛未 / 청 同治 10年) 3月 20日(庚戌)

禮曹以"書院疊享毀撤事, 謹依兩度下敎, 臣秉昌進詣大院君前稟議, 則以爲‘聖廟東西廡配食諸賢及忠節, 大義卓然炳烺, 實合百歲崇奉之四十七院外, 竝爲撤享撤額之意, 奉承敎意, 已賜額常存處, 四十七院, 謹玆別單書入, 待啓下, 行會各道'啓. 〔京畿: 開城崇陽書院, 龍仁深谷書院, 坡州坡山書院, 驪州江漢祠, 江華忠烈祠, 廣州顯節祠, 金浦牛渚書院, 抱川龍淵書院, 果川四忠書院, 陽城德峰書院, 果川鷺江書院, 高陽紀功祠. 忠淸道: 連山遜巖書院, 鴻山彰烈祠, 淸州表忠祠, 魯城魯岡書院, 忠州忠烈祠. 全羅道: 泰仁武城書院, 光州褒忠祠, 長城筆巖書院, 慶尙道: 慶州西嶽書院, 善山金烏書院, 咸陽藍溪書院, 禮安陶山書院, 尙州玉洞書院, 安東屛山書院, 順興紹修書院, 玄風道峰書院, 慶州, 玉山書院, 尙州興巖書院, 東萊忠烈祠, 晉州彰烈祠, 固城忠烈祠, 居昌褒忠祠. 江原道: 寧越彰節書院, 鐵原褒忠祠, 金化忠烈書院. 黃海道: 海州淸聖廟, 白川文會書院, 長淵鳳陽書院. 咸鏡道: 北靑老德書院. 平安道: 永柔三忠祠, 安州忠愍祠,

寧邊酬忠祠, 平壤武烈祠, 定州表節祠.]

『退溪先生文集』, 卷4, 「詩, 書院十詠」

竹溪書院豐基

竹溪風月煥宮牆. 肇被恩光作國庠. 絃誦可能追白鹿. 明誠誰似導南康.

臨皐書院永川

圃翁風烈振吾東. 作廟渠渠壯學宮. 寄語藏修諸士子. 淵源節義兩堪宗.

文憲書院海州

海陽儒學蕩城塵. 野草春風燒更新. 不向山林思變作. 謾將書院謗叢臻.

迎鳳書院星州

鳳山儒館極恢張. 聚訟賢祠挾謗傷. 但願諸賢明此學. 閒爭浮議自消亡.

丘山書院江陵

人材淵藪古臨瀛. 闢學丘山澗石清. 降聖千年名已近. 乞靈今日敎將明.

藍溪書院咸陽

堂堂天嶺鄭公鄉. 百世風傳永慕芳. 廟院尊崇 眞不忝. 豈無豪傑應文王.

伊山書院榮川

地靈人傑數龜城. 創立儒宮事亦貞. 諱避不須生院號. 絃歌猶待樹風聲.

西岳精舍慶州

東都賢祀謗何頻. 變置眞成學舍新. 但使菁莪能長育. 涵濡聖澤屬儒紳.

畫巖書院大丘

畫巖形勝畫難成. 立院相招誦六經. 從此伫聞明道術. 可無呼寐得群醒.

總論諸院

白首窮經道未聞. 幸深諸院倡斯文. 如何科目波飜海. 使我閒愁劇似雲.

▲ 함양 남계서원

▲ 함양 남계서원 사당

당주서원(塘洲書院)

—

—

Ⅰ. 개설

① 소재지 : 경상남도 함양군 지곡면 공배리

② 건립 연도 : 1581년(선조 14)

③ 사액 연도 : 1660년(현종 1)

④ 배향 인물 : 옥계 노진, 당곡(唐谷) 정희보(鄭希輔)

⑤ 변천과 현황 : 1581년에 창건되었으며, 노진의 위패가 봉안되어 있다. 1660년 사액되었으며, 별사에는 정희보를 배향했다. 흥선대원군의 서원철폐령으로 철거되어 복원되지 못했다. 현재는 사당비만 남아 있다.

—

덕암서원(德巖書院)

—

Ⅰ. 개설

① 소재지 : 경상남도 함양군 병곡면 도천리

② 건립 연도 : 미상

③ 사액 연도 : 미사액

④ 배향 인물 : 우천(愚泉) 우적(禹績), 송계(松溪) 이지번(李之蕃), 묵재 (黙齋) 박평(朴玶), 안락당(安樂堂) 이희안(李希顔), 이유(李維)

⑤ 변천 및 현황 : 조선 인조(仁祖) 조에 창건하였다. 1722년(경종 2)에 훼철되었고, 정조 조에 유림들의 공의로 다시 서원을 짓다가 완공하지 못 하였다. 지금은 유허지만 남아 있을 뿐이다.

『大笑軒先生逸稿』, 卷三,「德巖書院奉安文權濤」

恭惟先生 天挺人傑 器宇峻整 胸次軒豁 偉量豪氣 宏材遠識 凌厲抗擧 度越
流輩 笑談寄傲 諧俗自晦 篤于養志 夙夜匪懈 苦心勞筋 衣不解帶 早登函丈 玉
溪諸公 亦遊山天 啓發收功 研窮史學 揣摩今古 得失毫芒 瞭若親睹 發爲詞章
若決江水 累進不諧 惟道之否 半世簪裾 聊以婆娑 五符淸風 耋老咨嗟 風塵晚
節 値時之危 灑血飛檄 遠近同辭 江淮保障 再造之基 蜂屯乍斂 虺毒又吹 黃石
孤壔 嶺湖咽喉 以死許友 誓心同仇 將遁卒潰 賊猶趑趄 妻子號咷 挽衣請去 草
間求活 丈夫所恥 端坐受刃 同我知己 噫噫先生 烈烈其氣 士生天地 處死爲難
從容取義 幾人世間 睢陽雙節 止水孤標 俯仰無怍 異世同道 祭在子孫 後死之
羞 不謀經始 鄕社之丘 安靈有所 式擧縟儀 不亡者存 庶幾格斯

도곡서원(道谷書院)

—

Ⅰ. 개설

① 소재지 : 경상남도 함양군 지곡면 개평리

② 건립 연도 : 1701년(숙종 27)

③ 사액 연도 : 미사액

④ 배향 인물 : 덕곡(德谷) 조승숙(趙承肅), 죽당(竹堂) 정복주(鄭復周), 송제(松齊) 노숙동(盧叔仝), 신고당(信古堂) 노우명(盧友明), 홍와(弘窩) 노사예(盧士豫), 춘수당(春睡堂) 정수민(鄭秀民), 만강재(晩康齋) 정덕하(鄭德下)

⑤ 변천 및 현황 : 이 서원은 1701년 개평마을 냇가에 조승숙·정복주·노숙동·노우명을 배향하기 위해 건립한 후, 순조 때에 노사예와 정수민을 추가 배향하였다. 1868년 흥선대원군의 서원철폐령에 의해 훼철된 후. 위판매안소(位板埋安所)에 단을 만들어 예를 올리다가 2001년에 후손들과 유림들이 서원의 옛 터 서쪽에 서원을 복원하면서 정덕하를 추가

배향하였다. 외삼문인 경앙문(景仰門)엔 태극무늬가 그려져 있다. 매년 유림들과 후손들이 향사를 지내고 있다.

II. 서원 관련 자료

『旅菴遺稿』, 卷六, 「咸陽道谷書院重修上樑文」

德谷趙承肅 竹堂鄭復周 松齋盧叔仝 信古堂盧友明四賢並享 竹堂一蠹之祖 信古堂松齋之孫

碩人迭作 徽躅共留於一方 遺廟重新 大道不廢於萬古 蛾述有所 翬飛如初 顧惟天嶺之鄕 實是地靈之域 西挹方丈之翠黛 並列三神 北控藍水之縈紆 遠從 千澗 山河之秀氣共萃 篤生羣英 星斗之餘光猶懸 足徵百世 猗歟德谷之貞節 與 圃隱冶隱同歸 允矣竹堂之純誠 比小連大連無愧 懷龍孫之舊主 永樹三韓之倫 綱 啓蠹老之眞儒 遙接一脉之道統 若松齋信古之繼起 惟芳名到今而齊稱 賢殿 磨丹 相與甲乙於箋註 靜筵建白 遂八己卯之薦章 明良致治 世有周十亂之號 祖 孫同德 家傳蔡九峯之聲 亨塞係時 諸賢之行藏雖異 忠孝盡分 後生之模範則同 故於杖屨之墟 並茲俎豆之享 道以號谷 可見若路之共由 介也名坪 適符如石之 堅操 與鳥頭而掩映 公私之典禮無虧 儼鳥革而高騫 退邇之觀瞻有美 只緣星霜 之累換 以致棟宇之將頹 道德文章 雖與日月而永曜 丹靑土木 不免風雨之交侵 念彼緇衣 猶且要裖之必改 矧此廈屋 豈可權輿之不承 而四方來者如雲 茲百尺 成之不日 榱桷窓櫺之備飾 比舊貫如何 烟雲竹樹之改觀 生顔色自此 工役垂畢 其亦一大幸焉 廢興迭尋 如有數存然者 嗚乎 千載寄江漢秋陽之慕 終不諼兮 一 域化鄒魯乾淳之風 是誰力也 修樑欲擧 短律宜陳 抛樑東 起看紅旭滿簾櫳 乾坤 自此開長夜 叢桂脩篁色玲瓏 抛樑西 智異千峯翠色迷 步步自能躋絶頂 前人爲 我設長梯 抛樑南 一曲淸溪碧勝藍 莫敎蜻蜓來亂點 天光雲影此中含 抛樑北 碧 山噓出英英白 英英百變也從他 只恁山光終古碧 抛樑上 萬里雲收天宇曠 明月

妍妍照檻頭 怳疑淸範臨函丈 抛樑下 洋洋詩禮勤冬夏 休言大道遠如天 發軔須
知從掃灑 伏願上樑之後 吾道益旺 斯文在玆 衣鉢相傳 克紹前人之緖 絃誦不絕
丕闡南國之風

▲ 함양 도곡서원

백연서원(栢淵書院)

—

Ⅰ. 개설

① 소재지 : 경상남도 함양군 함양읍 백연리

② 건립 연도 : 1670년(현종 11)

③ 사액 연도 : 미사액

④ 배향 인물 : 고운(孤雲) 최치원(崔致遠), 점필재(佔畢齋) 김종직(金宗直)

⑤ 변천과 현황 : 신라 말기의 학자이자 문장가인 최치원과 조선 초기의 사림파의 종장인 김종직을 모신 서원으로서 1670년에 건립하였고, 1745년(영조 21)에 중수하였다. 서원철폐령 때 철거된 후 복원되지 못했다.

II. 서원 관련 자료

『靑莊館全書』, 卷68, 「完山李德懋懋官著男光葵奉旲編輯德水李畹秀蕙鄰校訂, 寒竹堂涉筆[上] 咸陽名賢」

咸陽名賢. 蔚然一代. 今則遺風泯焉. 有書院五所. 灆溪, 溏洲二書院. 卽賜額也. 灆溪書院. 文獻公鄭一蠹, 鄭桐溪蘊, 姜介菴翼享焉. 俞濡溪好仁. 院中作別祠而享焉. 溏洲書院. 盧玉溪禛獨享. 栢淵書院. 崔孤雲致遠金佔畢宗直. 以名宦享焉. 道谷書院. 趙德谷孝全, 鄭竹堂六乙, 盧松齋叔仝享焉. 竹堂. 一蠹之父也. 松齋. 玉溪之曾祖也. 龜川書院. 表灆溪沿沫, 朴春塘孟智, 梁九拙喜, 梁逸老灌, 河愚溪孟寶, 姜琴齋漢享焉. 桐溪生於安陰. 而以隣近享焉. 李靑蓮後白. 亦生於咸陽. 而獨無享焉. 人皆恨之.

『佔畢齋集』, 「戊午事蹟, 事蹟, 戊午史禍事蹟」

弘治十一年戊午 燕山四年 七月. 史禍起. 柳子光啓燕山. 論以大逆. 卽令剖棺. 家被籍沒. 貞夫人文氏. 定屬雲峯縣. 夫人卽斷髮服喪. 其在謫中. 常歎曰. 家翁平生志節. 天日照臨. 死得謬禍. 是亦關於世運. 但當順受而已. 更無怨尤之辭. 在謫九年. 節操愈勵. 一不啓齒. 人皆敬服. 子嵩年. 時年十三歲. 陜川郡安置. 以年未滿. 免刑禍. 是月十七日. 傳旨. 金宗直. 草茅賤士. 世祖朝. 登第. 成宗朝. 擢置經筵. 久在侍從之地. 以至刑曹判書. 寵恩傾朝. 及其病退. 成宗猶使所在官. 特賜米穀. 以終其年. 今其弟子金馹孫所修史草內. 以不道之言. 誣錄先王朝事. 又載其師宗直吊義帝文. 其辭曰. 丁丑十月日. 余自密城道京山. 宿踏溪驛. 夢有神人. 被七章之服. 頎然而來. 自言楚懷王孫心. 爲西楚伯王項籍所弑. 沉之郴江. 因忽不見. 余覺之. 愕然曰. 懷王. 南楚之人也. 余則東夷之人也. 地之相去. 不翅萬有餘里. 世之先後. 亦千有餘載. 來感于夢寐. 玆何祥也. 且考之史. 無投江之語. 豈羽使人密擊. 而投其尸于水歟. 是未可知也. 遂爲文以吊之. 惟天賦物則以予人兮. 孰不知其遵四大與五常. 匪華豊而夷嗇兮. 曷

古有而今亡. 故吾夷人又後千祀兮. 恭吊楚之懷王. 昔祖龍之弄牙角兮. 四海之波股爲牫. 雖鱣鮪鰍鯢曷自保兮. 思網漏以營營. 時六國之遺祚兮. 沉淪播越僅媲夫編氓. 梁也南國之將種兮. 踵魚狐而起事. 求得王而從民望兮. 存熊繹於不祀. 握乾符而面陽兮. 天下固無尊於芊氏. 遣長者以入關兮. 亦有足觀其仁義. 羊狠狼貪擅夷冠軍兮. 胡不收以膏齊斧. 嗚呼. 勢有大不然者. 吾於王而益懼. 爲醯醋於反噬兮. 果天運之蹠盩. 郴之山礛以觸天兮. 景晻曖而向晏. 郴之水流以日夜兮. 波淫泆而不返. 天長地久恨其曷旣兮. 魂至今猶飄蕩. 余之心貫于金石兮. 王忽臨乎夢想. 循紫陽之老筆兮. 思墮蝽以欽欽. 擧雲罍以酹地兮. 冀英靈之來歆云. 其曰祖龍. 秦始皇也. 宗直. 以始皇比世廟. 其曰求得王以從民望兮者. 王. 楚懷王孫心. 初. 項梁欲誅秦. 求孫心以爲義帝. 宗直. 以義帝比魯山. 其曰羊狠狼貪擅夷冠軍兮者. 宗直. 羊狠狼貪. 指世廟. 擅夷冠軍. 指世廟誅金宗瑞. 其曰胡不收以膏齊斧者. 宗直. 指魯山胡不收世廟云云. 其曰爲醯醋而反噬兮者. 宗直. 謂魯山不收世廟. 反爲世廟醯醋云云. 其曰循紫陽之老筆兮. 思墮蝽以欽欽者. 宗直. 以朱子自處. 其心作此賦以擬綱目之筆. 駔孫贊其文曰. 以寓忠憤. 念我世廟大王. 當國家危疑之際. 奸臣謀亂. 禍機垂發. 誅除逆徒. 宗社危而復安. 子孫相繼. 以至于今. 功業巍巍. 德冠百王. 不意宗直與其門徒. 譏議聖德. 至使駔孫誣書於史. 豈一朝一夕之故. 陰蓄不臣之心. 而歷事三朝. 予今思之. 不覺慘懼. 其議刑名以啓. 七月二十七日. 頒赦. 敎曰. 恭惟我世祖惠莊大王. 以神武之姿. 當國家危疑. 群奸盤據之際. 沉幾睿斷. 戡定禍亂. 天命人心. 自有攸屬. 聖德神功. 卓冠百王. 增光祖宗艱大之業. 貽厥子孫燕翼之謨. 繼繼承承. 式至今休. 不意奸臣金宗直. 包藏禍心. 陰結黨類. 欲售凶謀. 爲日久矣. 假托項籍弑義帝之事. 形諸文字. 詆毀先王. 滔天之惡. 罪在不赦. 論以大逆. 剖棺斬屍. 其徒金駔孫, 權五福, 權景裕. 朋奸黨惡. 同聲相濟. 稱美其文. 以爲忠憤所激. 書諸史草. 欲垂不朽. 其罪與宗直同科. 並令凌遲處斬. 駔孫又與李穆, 許磐, 姜謙等. 誣飾先王所無之事. 傳相告語. 筆之於史. 李穆, 許磐. 並皆處斬. 姜謙. 決杖一百. 籍沒家產. 極邊爲孥. 表沿沫, 洪瀚, 鄭汝昌, 茂豊

副正摠等. 罪犯亂言. 姜景敍, 李守恭, 鄭希良, 鄭承祖等. 知亂言而不告. 並決杖一百. 流三千里. 李宗準, 崔溥, 李𪸶, 李冑, 金宏弼, 朴漢柱, 任熙載, 康伯珍, 李繼孟, 姜渾. 俱以宗直門徒. 結爲朋黨. 互相稱譽. 或譏議國政. 謗訕時事. 熙載. 決杖一百. 李冑. 決杖一百. 極邊附處. 宗準, 崔溥, 李𪸶, 宏弼, 漢柱, 伯珍, 繼孟, 姜渾等. 並決杖八十. 遠方附處. 而流人等. 並定烽燧庭爐干之役. 修史官等. 見駉孫等史草. 而不卽啓. 魚世謙, 李克墩, 柳洵, 尹孝孫等. 罷職. 洪貴達, 趙益貞, 許琛, 許琮. 甲寅已卒. 必是許琛. 安琛等. 左遷. 隨其罪之輕重. 俱已處決. 謹將事由. 告于宗廟社稷. 顧余寡昧. 剪除姦黨. 戰惧之念旣深. 而喜幸之心益切. 肆於今七月二十七日昧爽以前. 强竊盜及關係綱常外已決正未決正. 咸宥除之. 敢以宥旨前事. 相告語者. 以其罪罪之. 於戱. 人臣無將. 旣伏不道之罪. 雷雨作解. 宜需惟新之恩. 故玆敎示. 想宜知悉. 云云.

弘治十七年甲子 燕山十年 九月. 縉紳禍再起. 加罪金宏弼, 朴漢柱諸人.

正德二年丁卯. 中宗大王二年 追雪被罪諸賢之寃. 藝文館奉敎金欽祖, 鄭忠梁, 待敎李希曾, 金瑛, 檢閱權橃, 李泳, 鄭熊, 尹仁鏡, 尹止衡等. 上疏. 大槩. 戊午修史之官. 徒以私嫌. 不顧公議. 陰囑大臣. 使之挑怒. 子光從而唱之. 同議密啓. 終致大禍. 是則陰欲掩過. 而卒不得掩. 更使暴揚於當日. 累及於後世. 一以毀萬世史家之法. 一以啓人主喜殺之心. 罪當不原. 而賞反及焉. 臣等. 不勝痛惋. 比來. 皆以戊午之禍爲戒. 士氣摧絶. 臣等. 非以駉孫等爲惜. 深恐史家之法. 從此盡廢. 而萬世之公論泯滅云云. 傳曰. 金宗直, 金駉孫等辭連被罪者. 果有曖昧. 復其爵. 其餘. 並皆追贈. 其時推官尹弼商, 盧思愼, 柳子光等賞賜之物及戊午史局事泄人. 令日記廳考啓. 是年. 改葬于密陽大洞舊宅後山庚坐甲向之原. 上特命廩其妻. 搜訪其子孫錄用. 子嵩年. 連除集慶殿參奉, 東部參奉. 嵩年遭禍之餘. 不喜名利. 以母夫人命謝恩. 未幾. 棄官居鄕. 事母盡其孝. 鄕人及士林. 至今稱道. 參奉娶主簿孫筍茂之女. 府尹永裕. 其祖也. 有子三人. 曰綸. 有文行. 早世. 曰維. 娶參奉崔弼孫女. 曰紐. 娶持平李伸女. 先生文集抄本廿餘卷. 蕩爲煙燼. 尙有亂稿. 閣在樑上. 家人以爲不祥之物. 又擧而投之火. 傍有人

就烈焰中. 鉤取一二編. 纔免全燬. 今存者. 十未二三. 甥康仲珍. 篋而藏之. 戊午後二十二年庚辰. 謀諸邑宰. 俾壽于梓. 南袞作序文. 禮曹以先生所居之鄉. 講道之處. 置立祠宇. 春秋仲月. 官爲致祭事. 報議政府. 政府啓請. 依允. 金山景濂書院, 密陽禮林書院, 善山紫陽書院, 咸陽栢淵書院, 開寧德林書院成.

성천서원(星川書院)

—

I. 개설

① 소재지 : 경상남도 함양군 안의면 후암리

② 건립 연도 : 1643년

③ 사액 연도 : 미사액

④ 배향 인물 : 동춘당(同春堂) 송준길(宋浚吉)

⑤ 변천과 현황 : 송준길이 노천과 월성에 산 것을 기념하여 안음현감 정중만(鄭重萬)이 유림들과 함께 함양군 안의면 후암리에 건립한 서원이다. 1844년(헌종 10) 경에 거창군 북상면 월성으로 이건되었다가, 서원철폐령 때 철거된 후 복원되지 못하였다. 현재 서원구지(書院舊址)에는 유허비(遺墟碑)만 남아 있다.

—

송호서원(松湖書院)

—

Ⅰ. 개설

① 소재지 : 경남 함양군 병곡면 송평리 503번지

② 건립 연도 : 1830년(순조 30)

③ 사액 연도 : 미사액

④ 배향 인물 : 고은(孤隱) 이지활(李智活), 한남군 이어(李𤥽), 송계(松溪) 이지번(李芝蕃)

⑤ 변천과 현황 : 1829년(순조 29) 경상도 유림들이 이지활의 학문과 덕행을 추모하기 위해 뜻을 모아 그 다음해에 서원을 창건하고, 이지활을 배향하였다. 1832년에는 세종대왕의 아들인 이어와 이지활의 손자인 이지번을 추가 배향하였다.

홍선대원군의 서원철폐령 때 해체되었으나, 1914년 옛터에 유허비를 세우고, 1915년에 단을 설치하여 제사를 지내오다 1936년 서원을 복원하였다. 현재 매년 3월 중정(中丁: 두 번째 정일)과 9월 중정에 제사를 지낸다.

사당인 경앙사(景仰祠), 대문 격인 승사문(承事門), 집의재(集義齋), 거경재(居敬齋), 서원, 정용문(整容門) 등 총 6동의 목조와가로 구성되어 있고 건물 옆에 유허비가 있다. 경앙사에는 세 분의 위패가 모셔져 있고, 강당은 학문을 교육하던 장소로서 중앙에 마루를 두고 양쪽에 온돌방이 배치되어 있으며, 원내의 여러 행사와 유림의 회합·학문 강론 장소이다. 그 외에 제사준비와 제사도구를 보관하는 건물, 서원 관리인이 살고 있는 건물 등이 있다. 1994년 7월 4일 경상남도 문화재자료 제209호로 지정되었다.

▲함양 송호서원

용문서원(龍門書院)

―

Ⅰ. 개설

① 소재지 : 경상남도 함양군 안의면 봉산리

② 건립 연도 : 1583년(선조 16)

③ 사액 연도 : 1662년(현종 3)

④ 배향 인물 : 일두 정여창, 갈천(葛川) 임훈(林薰), 첨모당(瞻慕堂) 임운(林芸), 동계 정온

⑤ 변천과 현황 : 정여창의 학문과 덕행을 추모하기 위해 1583년에 창건된 서원이다. 이후 1586년 임훈과 임운을, 1642년(인조 20) 정온을 추가 배향했다. 1662년(현종 3)에 사액되었으나, 흥선대원군의 서원철폐령 때 헐렸으며, 그 후 복원되지 못했다.

II. 서원 관련 자료

『仁祖實錄』, 卷29, 12年(1634 甲戌 / 명 崇禎 7年) 3月 16日(壬寅)

○壬寅/慶尙道安陰士人愼景稷等上疏曰:

伏以, 先正臣鄭汝昌, 啓發後學, 扶衛吾道之功, 非假臣等一二談, 而汝昌, 弘治甲寅, 出宰本縣, 在任五年, 所以施仁政・興文敎者, 不可與尋常循吏擬倫. 越在平時, 立碑建祠, 名之曰龍門書院, 蓋在縣時逍遙之地也. 縣人林薰・林芸兄弟, 私淑汝昌之學, 靜養山林, 勤慕聖賢. 玆皆一國之善士, 故以此配食. 咸陽, 是汝昌所居之鄕, 而已得藍溪書院之賜額, 則臣等桐鄕之爲汝昌興感者, 亦何異於彼哉? 伏願特賜額號, 賁飾文敎.

答曰: "一人書院, 處處賜額, 似或未妥, 徐議處置."

정산서원(井山書院)

—

Ⅰ. 개설

① 소재지 : 경상남도 함양군 지곡면 보산리 정취마을

② 건립 연도 : 미상

③ 사액 연도 : 미사액

④ 배향 인물 : 간숙공(簡肅公) 허주(許周), 문정공 허목(許穆), 돈남 허방우(許方佑), 원당(三元堂) 허원식(許元栻)

⑤ 변천 및 현황 : 창건 연대는 확실하지 않다. 옛날 서재가 화재로 인해 완전히 타 버리자 후손들이 1853년(철종 4)에 서재를 옛 터 왼쪽에 중건하고 급천재(及泉齋)라는 현판을 걸었다.

현재 이 서원은 서재인 급천재와 명칭이 없는 정면 3칸의 사우가 있고 사우 앞에 신문(神門)이 있는데 태극무늬가 그려져 있다.

▲ 함양 정산서원

청계서원(靑溪書院)

—

Ⅰ. 개설

① 소재지 : 경남 함양군 수동면 원평리 699-1번지

② 건립 연도 : 1495년(연산군 1)

③ 사액 연도 : 미사액

④ 배향 인물 : 탁영(濯纓) 김일손(金馹孫)

⑤ 변천과 현황 : 조선 연산군 때의 학자 김일손의 학문과 덕행을 기리기 위해 세워진 서원이다. 1495년 김일손이 청계정사(靑溪精舍)를 건립하고 이곳에서 학문을 익히면서 유생을 가르쳤는데, 그가 죽고 황폐화된 이곳에 1905년 유림들이 뜻을 모아 그의 유허비를 세웠고, 1915년 청계정사를 복원하여 청계서원이라 부르고 있다. 매년 봄과 가을에 제사를 지낸다.

건물은 단층 팔작지붕으로 구경재(久敬齋), 동·서재, 홍살문, 솟을삼문 등의 부속건물이 있다. 1983년 7월 20일 경상남도 문화재자료 제56호로 지정되었다.

II. 서원 관련 자료

『雙溪遺稿』, 卷6「墓碣銘, 石湖李公墓碣銘」

嘉靖二十六年丁未三月十七日. 石湖先生以身殉孝於蓬山道防之舍. 後百有
六十年丁亥. 邑之章甫鳩財立祠于蓬山之東. 號靑溪書院. 春秋尸祝之. 又後七
十二年. 先生八世孫. 以敬庵尹公之狀. 訪余于海口之館. 懇求一言. 將以刻於
墓顯於世. 盖先生之篤行正學. 儀式一鄕. 風動百世. 宜其乎多士景慕. 愈久不
衰. 而况於後昆追遠之誠乎. 敬庵之狀. 信而有徵. 述而銘之. 不得以不文辭. 謹
按先生諱承幹字直卿. 古阜之李也. 遠祖諱敬祖. 高麗僉議政丞謚文憲. 其後奕
世冠冕. 入我朝. 有諱仲胄. 官判書. 於先生爲六世. 曾祖諱元蘸. 司書. 祖諱
粹. 司直. 考諱哲全. 釜山僉使. 妣水原白氏. 說書九啓女. 以成化乙巳生先生.
幼有至性. 始八歲. 僉使公患疽甚危. 先生曰. 古有吳起吮疽. 疽固吮而可愈. 請
自吮. 遂以獲差. 聞者莫不異其悟而歎其誠. 及長. 服勤就養. 愛敬俱至. 宗族鄕
黨. 無異議焉. 定省之暇. 覃思經傳. 探索融會. 弗得弗措. 一時名賢若金慕齋李
文平諸公. 盛有推詡. 至謂成德君子. 徵授繕工監直長. 先生以親老辭. 築室道
防山下. 入則晨夕灕瀗. 出則左右圖書. 推其餘以及於人. 遠邇坌集. 作成甚多.
一日家中失火. 延及白夫人寢室. 先生冒入烈焰. 蔽遮扶擁. 白夫人年旣大耋.
先生亦老矣. 力不能捄. 竟同殞焉. 先生子別座公光春. 亦以孝稱. 適出外歸. 見
火已塞門. 突入負先生出. 又入負白夫人. 旣出昏絶. 久而乃蘸. 守臣上其事. 父
子並命旌閭. 配密陽朴氏. 學生訥女. 合葬道防之麓甲坐原. 一女適安振綱. 二
男長卽別座. 次英春. 別座生景佽, 景閔. 英春生景顔正郞, 景曾, 庶子景南武
科, 景原進士. 曾玄以下不盡錄. 今之去先生遠矣. 雖聲光莫接. 文獻無憑. 而門
有棹楔. 院有俎豆. 卽此而想見先生制行之高. 造道之深. 無待於後人之表章.
獨嘗考其世溯其心. 而竊有感焉. 國朝儒術莫盛於中, 明之間. 而芟伐廢錮之禍
亦酷矣. 滄桑之餘. 士風一變. 以進爲榮. 以學爲諱者多矣. 乃先生超然不染. 闇
然自修. 旣不應朝廷之徵辟. 又不止四方之學者. 出處之際. 風旨甚微. 後之求

先生者. 求之言外則庶矣. 銘曰.

　講道於斯. 致死於斯. 歸復於斯. 是維先生之本末. 鄕黨推爲孝子. 世人謂之
徵士. 學者尊曰先生. 是維先生之名實. 我觀先生. 先觀時義. 銘以昭之. 知者
來視.

▲ 함양 청계서원

—

화산서원(華山書院)

—

I. 개설

① 소재지 : 경상남도 함양군 수동면 화산리 변동마을

② 건립 연도 : 1967년

③ 사액 연도 : 미사액

④ 배향 인물 : 회헌(晦軒) 임대동(林大仝), 회암(會巖) 임종인(林宗仁), 남계(藍溪) 임희무(林希戊)

⑤ 변천 및 현황 : 이 서원은 1965년 봄에 향론으로 사우를 짓기 시작하여 1967년 4월에 봉안예(奉安禮)를 올렸으며, 대문인 심원문(尋源門), 강당인 경회당(景晦堂), 재사(齋舍)인 모의재(慕義齋), 헌함(軒檻)인 탁청헌(濯淸軒), 사우인 상현사(尙賢祠), 신문(神門) 등으로 구성되어 있다. 정면 3칸 규모의 사우인 상현사에 임대동·임종인·임희무 등의 위패가 모셔져 있다. 신문에는 태극무늬가 그려져 있다. 향사일은 음력 2월 중정(中丁)일이다.

▲ 함양 화산서원

▲ 함양 화산서원 사당

황암사(黃巖祠)

—

I. 개설

① 소재지 : 경상남도 함양군 안의면 황산리

② 건립 연도 : 1714년(숙종 40)

③ 사액 연도 : 1717년(숙종 43)

④ 배향 인물 : 대소헌(大笑軒) 조종도(趙宗道), 존재(存齋) 곽준(郭逡)

⑤ 변천 및 현황 : 정유재란 때 황석산성에서 순국한 곽준, 조종도 등 3,500명의 위패를 봉안하고 있다. 1714년 황석산 아래에 사당을 짓고 '황암사(黃巖祠)'라는 사액을 받아 봄 가을로 위령제를 지내왔으나 일제강점기에 철거되었다. 1985년 지역 유림들이 뜻을 모아 '황석산성순국선열추모위원회'를 발족하여 해마다 추모행사를 치러 왔다. 1987년 황석산성이 국가지정문화재인 사적 제 322호로 지정되자, 1998년 사당복원계획을 세워 2001년 호국의총(護國義塚)을 정화하고 사당을 중건하였다. 해마다 음력 8월 18일에 제사를 지낸다.

II. 서원 관련 자료

『大笑軒先生逸稿』, 卷三, 「黃巖書院奉安文李宜錄」

山河磅礴 日星昭晳 篤生二公 竝際一世 宅心存養 負氣笑傲 有扁其額 蓋觀
所操 粤在丁酉 運丁百六 兵燹搶攘 震蕩邦域 兮我忠烈 莅玆嶺邑 大義先倡 孤
旅獨領 于時忠毅 自彼鄰境 纔解職事 旋得死所 忠膽互激 義肝相照 倚陴盟同
死綏志定 天心弗弗 凶圖潛逞 鼓死旗仆 命輕義重 無憾成仁 不負所養 河北幾
箇 睢陽雙節 黃石在彼 風烈猶昨 宜表而章 宜廟而禋 歲月愈久 事蹟寖湮 繡衣
建白 王命腏食 武谷之原 有儼祠屋 爰擧縟義 載蠲良辰 一體同祀 咫尺精神 籩
豆有楚 牲幣是將 不昧者存 庶妥英靈

제4부

산 청

대포서원(大浦書院)

—

Ⅰ. 개설

① 소재지 : 경남 산청군 생초면 대포리 38-1번지

② 건립 연도 : 1693년(숙종 19)

③ 사액 연도 : 미사액

④ 배향 인물 : 농은(農隱) 민안부(閔安富)

⑤ 변천과 현황 : 고려 말 두문동(杜門洞) 72현 중 한 사람인 민안부의 절의를 기리기 위해 1693년 유림들에 의해 세워졌다. 서원철폐령 때 철거되었다가 1874년(고종 11) 유림들의 후손들에 의해 숭절사(崇節祠), 숭의재, 동재, 서재 등이 중건되었다. 매년 봄가을에 제사를 지내고 있다. 1993년 12월 27일 경상남도 문화재자료 제198호로 지정되었다.

▲산청 대포서원

덕천서원(德川書院)

Ⅰ. 개설

① 소재지 : 경상남도 산청군 시천면 원리 222-3번지

② 건립 연도 : 1576년(선조 9)

③ 사액 연도 : 1609년(광해군 1)

④ 배향 인물 : 남명(南冥) 조식(曺植), 수우당(守愚堂) 최영경(崔永慶)

⑤ 변천과 현황 : 최영경, 하항(河沆) 등 사림들이 1576년 조식의 학문과 덕행을 추모하기 위해 조식이 강학하던 자리에 건립한 서원으로서, 사적 제305호인 조식 유적지 내에 있다.

임진왜란 때 소실되었으나 1602년(선조 35)에 중건되었다. 1609년 현판과 토지, 노비 등을 하사받아 '덕천(德川)'이라는 이름으로 사액서원이 되었다. 이 서원은 남명학파의 본산이 되었으며 인조반정 등으로 정치적 풍파를 겪었다. 흥선대원군의 서원철폐령에 의해 철거되었다가, 1930년대에 복원되었다.

입구의 입덕문(入德門)을 지나면 수령이 400년이 넘는 은행나무가 서 있는 덕천서원에 이르고, 입구의 홍살문을 지나 정면 3칸, 측면 1칸 규모에 맞배지붕을 올린 솟을삼문인 시정문(時靜門)을 들어서면 정면에 강당인 경의당(敬義堂)이 있고, 그 앞쪽으로 동재와 서재가 좌우에 배치되어 있다.

동재와 서재는 유생들이 공부하며 거처하던 곳이고, 경의당은 서원의 각종 행사와 유생들의 회합 및 토론장소로 사용되던 곳으로서 '덕천서원(德川書院)'이라는 현판이 걸려 있는 서원의 중심 건물이다. 정면 5칸, 측면 2칸 규모의 팔작지붕 집으로 가운데에 대청이 있고 그 양쪽으로 툇마루와 난간이 달려있는 2개의 작은 방이 있다.

경의당 뒤쪽의 신문(神門)을 지나면 사당인 숭덕사(崇德祠)가 나온다. 이 숭덕사는 정면 3칸, 측면 1칸 규모에 맞배지붕 집으로서 중앙에는 조식의 위패, 오른쪽에는 조식의 제자인 최영경의 위패가 모셔져 있다. 이 서원에서는 매년 음력 3월과 9월의 첫 정일(丁日)에 제사를 지내고, 매년 양력 8월 18일에는 남명 조식의 탄생을 기념하는 남명제가 열린다. 1974년 2월 16일 경상남도 유형문화재 제89호로 지정되었다.

II. 서원 관련 자료

『謙齋先生文集附錄』, 卷11, 「擬請躋配德川書院疏」

臣等竊伏思惟國家用賢. 非一道也. 賢而存則用其人以輔世. 賢而沒則用其道以啓後. 其人可用於一代. 其道可用於百世矣. 自古尊賢而俎豆之者. 豈但其賢之尙. 實用其道以矜式於無窮也. 玆有故縣監臣河某. 其人雖死. 其道可用. 則當蒙廟祀之典. 故敢此煩籲于冕旒之下. 伏惟殿下垂察焉. 臣等伏見河某. 乃晉州人也. 晉州乃文貞公臣曹某藏修之地. 廟食之鄕也. 河某後曹某百餘年而生.

慕其遺風. 私淑諸人. 感發興起. 遂爲大儒. 踐履之實. 造詣之深. 無愧古人. 而臣等小生何敢便論. 其生有異質. 少有特行. 則載其家錄而不敢縷擧矣. 至其守道之正. 窮理之明. 辨禮之詳. 憂國之深. 則昭如日星. 在人耳目. 臣等請略陳焉. 蓋其爲道純正渾厚. 而方其學優. 便値昏朝. 未及聞達. 又經丙子. 無意仕進. 累辭召命. 名齋以謙而樂在簞瓢. 搆舍寒泉而志專講劘. 淸修之節. 至老死如一日. 山林之跡. 未嘗一入城府. 此其守道之正也. 其學極博. 無所不通. 聖賢之微辭奧旨. 無不融解洞釋. 而天文地誌兵書算法. 皆極其妙. 嘗以尙書啓蒙. 參之皇極書. 推爲曆法. 別作一圖. 深歎今世曆法之多誤. 一日語人曰. 是月大而爲小. 晦日必有曉月. 人驗之果然. 此其窮理之明也. 其於禮經. 尤加思索. 廢而不行者. 講而行之. 疑而未詳者. 考而詳之. 至於國禮之未定. 擧世之眩亂也. 其時御史臣南九萬訪而問之. 則答曰. 立次長亦爲三年之文. 旣載禮經. 況孝廟已君臨. 何論長少嫡庶也. 又嘗引魯閔公, 僖公事. 喻人曰. 以弟兄先後立. 而臧文仲躋僖公. 孔子謂縱逆祀. 與作虛器祀爰居. 均之爲三不知而深斥之. 蓋不可以弟兄之序. 亂君位也. 兄弟之序. 不可以亂君位. 則嫡庶之分. 獨可以貶君位乎. 其所辨論多矣. 又嘗曰. 時王之禮. 不可輕議. 必有歸正之日云. 此其辨禮之詳也. 其於君民之義. 出處之道. 未嘗不謹. 雖處山野. 而憂國之誠. 常自切切. 州牧道伯之來問治道也. 必勸務恤民. 必勸行鄕約. 及在先朝賜米褒獎也. 上九條疏. 眷眷以出治之本施措之方. 此其憂國之深也. 至於孝親友弟積仁潔行. 則固其分內. 而德薰蒙學. 善化鄕隣. 則特其緖餘耳. 嗚呼. 其亦幸而生於斯世. 大有功於斯道也. 其亦不幸而終餓以死. 不見用於斯世也. 臣等竊謂河某之賢. 眞可標準後學. 則必宜祠享. 以示崇獎之典. 如其祠享. 必當配食於曺某之廟也何也. 河某學有淵源. 可追前軌. 門路眞的. 不負先覺. 況其平生至誠依仰. 或讀書於斯. 幹事於斯. 羹墻之慕. 不啻親炙. 則必欲配享於斯者. 非臣等區區之意. 實一道多士之望也. 臣等之於河某. 豈有一毫阿好也. 河某之賢. 國人所知也. 故參議臣尹善道亟稱而深慕之. 今右相臣許穆題其墓而識其美. 雖在草野. 而見慕也如此. 雖不顯仕. 而可傳也如此矣. 倘蒙恩命. 獲遂配祀. 則其人雖亡. 其道可

壽. 豈無鼓舞興感之效. 臣等所謂其道可用者此也. 臣等非不知殿下惇惇在疚.
非國大事. 不敢以聞. 而第念尊賢所以礪世也. 崇道所以警俗也. 在初政. 尤爲
急務. 則臣等安敢以煩瀆爲嫌而不以上聞也. 玆冒宸嚴. 敢冀俞音. 伏惟殿下特
垂睿察焉. 臣等不勝戰懼屛營之至. 謹昧死以聞.

先生沒後十年乙卯. 一方多士齊發俎豆之議. 欲躋配於南冥先生書院. 至於設
疏. 未幾. 以別建爲宜而止. 此疏雖未達. 而於先生行迹頗詳. 故附載于下.

『錦帶詩文抄[下]』,「記 · 德川書院重修記」

晉州牧南冥先生德川之院. 始建于我宣祖大王九年丙子. 至二十五年壬辰. 爇
于倭賊. 賊退復建于三十五年壬寅. 嗣後重修者. 光海君己酉. 肅宗大王二十九
年癸未也. 自癸未距今凡九十餘年. 固者毀. 竪者欹. 而哀新鮮者. 漫漶. 山長樊
巖蔡相國. 屬州牧丁使載遠. 與州之士河應德李必茂及先生之後孫龍玩. 鳩材庀
工. 仍舊而新之. 告功于丙辰之仲春. 多士以其不可以無記. 以命家煥. 家煥竊
惟天之生斯人. 其初粹然而無不善. 卽所謂理也. 惟其賦於形氣之中. 故不能無
昏明強弱之殊. 況自三代以後. 功利詞章. 與凡一切以就苟且之說. 旣足以蔽錮.
其凡民異端清淨寂滅之敎. 又有以陷溺. 其高明泯泯棼棼. 無所適從. 此所以千
五百年之間. 雖有豪傑之士. 卒不能自奮而盡其天賦之初者也. 至有宋程朱夫子
之出. 始乃提挈開示. 使斯人知所向方者. 無復餘蘊. 學者苟能循其階級. 不貳
不參. 而實用力焉. 則爲聖爲賢. 卽有在是. 而不可誣者. 顧乃世遠道喪. 高者.
務爲新說. 以求異於前人. 卑者. 又支離繳繞. 以取疊床之譏. 駁駁然出入於口
耳四寸之間. 而莫覺其非. 惟先生卓然. 先立於其大者. 特揭敬義二字而日月之.
其曰雞伏者. 專精壹意. 以致極乎此者也. 其曰電龍者. 剛健奮迅. 以勉進乎此
者也. 此者何也. 曰敬義也. 大易始言之. 程朱申闡之. 至先生. 爲能眞知而實踐
之. 以奮於絕學之中. 巍然爲百世師. 而其效又使後之學者. 由入德之門. 主神明
之舍. 有以極其正大光明. 而或有一毫未盡於是者. 皆苟焉而已. 嗚乎偉哉. 家煥
雖愚陋. 不足以知德然竊懼學者. 徒見先生之泰山喬嶽也. 苦其卓而以爲不可幾

及也. 輒述舊聞. 以明先生之所造雖高. 而非有加於吾人之所同得. 用工雖深. 而
亦皆出於聖賢之所已言. 庶幾學者. 相與感發興起. 咸知有爲者之若是云爾.

『息山先生文集』, 卷19, 「祝文, 德川書院重修還安文」

俚功告訖. 輪奐重新. 式瞻易觀. 廟貌愈尊. 衿佩來坕. 吉令是涓. 奉版還安.
邦慕攸申. 齊擧洞酌. 欽靈妥安.

『立齋先生文集』, 卷18, 「書, 與晉州德川書院有司」

卽伏惟淸和. 僉履起居萬衛. 仰慰且遡. 不任區區. 宗魯年迫桑楡. 衰癃轉甚.
世間萬事. 尤不復掛念. 故雖本鄕學宮. 謝絶亦久矣. 不意玆者. 猥令無似. 得廁
於本院首席之列. 其不鄙之盛心. 固爲感激. 而奈此承當之無路何哉. 又況老物
邈在絶遠之地. 凡係院務. 末由句管致力於其間. 虛帶任名. 尤極無謂. 事當卽
爲控辭. 以冀遞免. 而第曏伏聞河友所言. 則那邊多士之論. 皆以此物爲有一日
之長. 初欲夤緣此事. 往復有便. 則自今講學之道. 或不無一半分有益云. 此亦
非空疎蔑裂者所可堪任. 而尋常爲吾儕相與切磋之意. 猶有不盡泯者存. 果爲樂
聞而竊幸焉. 想於旣往其爲之講明此學. 已不啻其盛. 然如使自今以後. 益加勉
行之工. 種種齊會于本院. 而各盡其心. 因令愚昧之人. 得聞緖論之萬一. 則在
我管窺咫聞. 雖不足與議. 而以僉君子兼收博采之意言之. 芻蕘口氣. 必在所擇.
敢不從微見獻忠. 以聽可否之命耶. 爲是而姑不無黽勉之計. 但念衿佩之會. 自
不能無所費. 若院力難支. 此亦終歸於擬議而已. 徒爲帶任之故. 而凡係院事.
動輒詢於此而使之干涉. 則不佞只得惶恐退縮. 求以兩便於公私而已. 望須曲諒
而回敎之. 俾有所奉而周旋幸甚.

『後溪集』, 卷3, 「書, 與德川書院會中」 代士林作○辛巳

國哀普痛. 伏惟維夏. 僉齋履萬重. 某等屛居左僻. 道里脩敻. 瞻掃山天齋門

墻. 蓋寡矣. 每誦先人神交違面之書. 未嘗不切曠感之私耳. 茲者. 貴院章甫. 宿
舂命駕. 賁臨弊院. 袖示盛論之輪通道內者. 鄙等始知僉君子方爲賢院勒聖製.
以圖壽傳. 使兩先正道義風聲. 益彰來世. 甚盛事也. 可勝欽仰. 所詢竪碑序次
疑節. 儘有如來論云云者. 非寡陋謏聞如鄙等者所敢軒輊也. 然竊聞議者. 皆以
御題序次歸重云. 此是來論五件中第一義也. 鄙等之見. 亦豈有異同哉. 第竊惟
念. 事體之輕重易別. 而義理之精粗難辨. 若專以祭文序次爲重. 而不念院位序
次. 從上下竪二碑於一閣之內. 則只得重大之體. 而欠卻精微之義矣. 要使執兩
端而折中. 爲並行而交盡底道. 則鄙等竊有所古據而旁證者. 謹按本院遺集中論
川谷書院寒暄先生, 文烈, 文忠二公位次事. 而有曰. 若以年代爲序. 東西相對.
則二李 文烈, 文忠. 居東. 而議政 寒暄 居西. 此若可矣. 答盧仁甫書. 又曰. 欲
從古者東祠某西祠某之例. 雖不敢改作東西祠. 就見成廟中東西隔位而妥神. 猶
可以各專其尊. 無相壓相屈之礙 答李子發書 之二書之意. 以道學爲主. 則寒暄
當居上. 而有年代倒置之嫌. 以年代爲主. 則文烈居上. 而欠道德專重之義. 依
古例定東文烈西寒暄之制. 以示夫各有尊無相壓之意. 誠所謂常經之中而有通
誼也. 今立碑與立祠雖異. 若論其序次之地. 固無異矣. 愚意築兩壇於廟門外.
而依東西祠之例. 東揭萬曆御製. 西揭丙辰御製. 使碑面東西相對. 如左昭右穆
之例. 則國朝之年代得其序. 院廟之位置與之沕合. 而於其中. 自有各尊不相壓
之義矣. 此非義起於鄙等之臆見. 而有所旁照於先輩之定論. 則恐非爲無稽之言
也. 未知僉意以爲如何. 或曰. 御製碑面. 非南向不可云. 而此則恐不必然. 伏覩
我朝陵寢碑碣. 皆立於左旁. 而不爲南向. 豈可以文之御製. 不可失南面之制耶.
雖然. 惟在當事僉君子裁度商處之如何耳.

『澗松先生文集』, 卷1, 「詩, 五言律, 尋德川書院」辛亥春

　南州兩徵士. 山海與愚堂. 遯世雖無悶. 憂時亦不忘. 廉頑風緬邈. 激濁道深
長. 高尙扶名敎. 何須事帝王.

『謙齋先生文集』, 卷7, 「祭文, 德川書院常享祝」

道依中庸. 學成敬義. 以遯而亨. 百世以俟.

『謙齋先生文集』, 卷2, 「詩, 七言四韻, 德川書院有敬義堂, 進德齋, 修業齋」

山頹昔日立宮庭. 歲歲春秋薦仲丁. 敬義學仍傳自古. 進修模是考諸經. 禮儀
爲實由誠實. 黍稷惟馨在德馨. 齋室階梯知井井. 洗心明眼賴英靈.

『謙齋先生文集』, 卷1, 「詩, 五言絕句, 德川書院雨中」

孤棲到三日. 四荒同一雲. 悁悁夕時雨. 細細夜深聞.

『謙齋先生文集』, 卷1, 「詩, 五言絕句, 德川書院. 雨後見月」 壬申正月

歲首旣生魄. 氷輪如火輪. 天心未易測. 愚意喜陽純.

『息山先生文集』, 卷19, 「祝文, 德川書院重修還安文」

俚功告訖. 輪奐重新. 式瞻易觀. 廟貌愈尊. 衿佩來坐. 吉令是涓. 奉版還安.
邦慕攸申. 齊擧洞酌. 欽靈妥安.

『竹陰先生集』, 卷7, 「七言律詩, 德川書院途中, 曺南冥書院」

頭流絕頂最天王. 遠眺浮空近仰望. 萬壑淸湍喧石壁. 一區脩竹護仙莊. 隨身
簿牒塵緣重. 閱眼峯巒勝賞忙. 咿戛筍輿穿棧磴. 松風吹覺午眠涼.

『竹陰先生集』, 卷5, 「五言律詩, 南冥德川書院洞口」 刻石入德門三字

夙世尋仁里. 重來入德門. 誰知方丈麓. 又有武陵源. 水靜魚游樂. 山深鳥性
存. 松陰古亭上. 絕酒謝塵煩.

▲산청 덕천서원

도천서원(道川書院)

Ⅰ. 개설

① 소재지 : 경남 산청군 신안면 신안리

② 건립 연도 : 1461년(세조 7)

③ 사액 연도 : 1554년(명종 9)

④ 배향 인물 : 삼우당(三憂堂) 문익점(文益漸)

⑤ 변천과 현황 : 이 서원의 명칭은 '도천서원신안사상재(道川書院新安思想齋)'이며, 나라에서 문익점의 공적을 기리기 위해 문익점이 태어난 곳에 지은 사당이다.

1461년(세조 7)에 나라에서 사당을 세워 '도사(道祠)'라고 사액하였으며, 1554년(명종 9)에는 '도천(道天)'이라는 편액(扁額)을 받았다. 임진왜란 때 불탄 것을 1612년(광해군 12) 생원(生員) 이곡(李穀)이 주민들과 재건하였고, 1787년(정조 11)에 다시 '도천서원'이라는 사액을 받았다. 흥선대원군의 서원철폐령으로 철거되었다가, 단성(丹城) 사림들이 노산정사(蘆山精

舍)라는 이름으로 그 명맥을 유지했다. 1891년(고종 28) 삼우사(三憂祠)를 재건하면서 서원으로 복원되었다.

서원 내엔 문익점의 제사 때 제관들의 숙소로 사용된 신안사재(新安 思齋)가 있는데, 이것은 1551년(명종 6)에 지었으나 임진왜란 때 불에 타버린 것을 1804년(순조 4)에 다시 지은 것이다. 이 서원에 신안사재 가 있다는 것은 이 서원의 성격을 잘 보여주고 있는 것으로서, 이곳이 교육보다 제사의 기능을 더 중시하였음을 말하고 있다. 신안사재는 앞 면 4칸 · 옆면 2칸으로 지붕옆면이 여덟 팔(八)자 모양인 팔작지붕 건물 이다.

서원의 전체적인 배치는 유생들의 교육 · 회합 및 토론 공간인 강당과 유생들의 기숙사인 동재 · 서재가 앞쪽에 있고 제사를 지내는 공간인 삼 우사가 뒤쪽에 있는 일반적인 서원의 배치형식인 '전학후묘'의 형태를 따 르고 있다. 1983년 8월 24일에 경상남도 유형문화재 237호로 지정되었다.

II. 서원 관련 자료

『承政院日記』, 정조 8년 9월 27일 (기묘) 원본 1567책 / 탈초본 84책 (31/51) 1784년 乾隆(淸/高宗) 49년

○ 李時秀, 以禮曹言啓曰, 觀此慶州進士李標等上言, 以本道丹城縣道川書 院, 湖南長興府月川書院, 爲前朝儒賢文益漸之遺祠, 而雖已修改, 未有宣額, 請 賜美號爲言矣. 今春旣因其子孫上言, 至蒙修葺廢宇, 收用後裔之恩典, 則聖朝 紀功崇報之典, 亦云至矣. 賜額與否, 旣無增損, 院號新宣, 亦啓後弊. 海州幼學 孔成集等, 稱以大聖後裔, 請入本州校案, 苟其人可合章甫之列, 則許錄校案, 何 至於煩瀆朝家乎? 其所猥屑, 莫此爲甚, 孔成集令該道道臣參酌勘治, 以懲民習. 南部幼學權銈, 以其十一代祖母海寧府夫人爲花山府院君景惠公專之夫人, 墓所

在於安東, 而衆塚累累, 終未尋得, 乞令設壇致祭, 各別禁護云, 而致祭雖有古例, 係是特恩, 禁護自有本官, 非可煩請, 論以事體, 亦甚猥屑. 順興幼學徐彭胤, 以其十代祖進士翰廷爲端廟朝遺逸, 持綱守義, 請以褒贈, 而旣是上舍之生, 初非棄官之人, 則雖或有節義之可稱, 未見有表章之實蹟, 事係久遠, 有難憑信, 上言內辭緣, 竝置之, 何如? 傳曰, 竝依草記施行, 可也.

『承政院日記』, 정조 11년 8월 17일 (임자) 원본 1632책 / 탈초본 87책 (9/9) 1787년 乾隆(淸/高宗) 52년

○ 丁未八月十七日酉時, 上御重熙堂. 承旨入侍時, 右承旨趙衍德, 假注書趙台榮, 記事官尹行任・金祖淳, 以次進伏訖. 上曰, 惠慶宮進服加減歸脾湯, 十貼製入. 出榻教上命入上言軸, 以次睿覽訖. 西部前宮任康聖彦, 景慕宮睿筆奉納事, 西部前萬戶崔雲興, 十條鎭弊事, 西部前訓鍊都監別軍官金昌運, 武備方略事, 西部寡女盧召史山訟事, 南部閑良金樂榮, 其父衛將承傳尙未收用事, 中部良人金振聲, 其父以玉堂引陪牌頭定配事, 楊州幼學具晩哲山訟事, 楊州幼學朴文有, 墓所蘆田見失事, 豐德孝寧大君子孫李尙春, 鎭安大君墳山改封, 豎遺碑, 定山直禁護事, 朔寧樂工保河宗成, 功臣子孫免役事, 懷仁幼學鄭東堡軍器願補事, 洪州幼學洪潤珏山訟事, 大興幼學徐正奎山訟事, 靑陽金鎭福畓訟事, 文義驛卒朴畓不里等, 位畓見奪於民畓事, 羅州良人鄭國奎等壓良事, 靈光法聖沙工林有藩, 上言爲父訟冤事, 居昌見巖寺僧瑞熙, 爲父訟冤事, 新寧幼學皇甫緣等, 柒谷架山城倉還上革罷事, 靑松幼學閔成績等, 本府還穀移屬他邑事, 黃山驛民金應杓等, 復戶位田事, 黃州前守衛官李興白, 安樂峴守直事, 海州幼學朴履慶等本營還穀及禁・御各軍保米, 勑需大小米以錢代納事, 長淵幼學姜載坤等, 世傳田畓見奪於勳府事, 鏡城幼學黃相采, 其父軍役頉免事, 鏡城幼學李世楷邑弊事, 茂山前萬戶康秉圭等, 梁永・豐山之間設置烽燧事, 命書判付. 洪州進士金漢龜, 爲其父推榮事, 中部前觀象監判官金晉榮, 爲其父通計前仕事, 故學生元景游妻尹召史, 爲其夫追榮事, 晉州幼學鄭杜臣, 爲其祖贈職事, 成均館學諭安重

默, 楊州幼學朴星漢, 幼學吳偉, 幼學尹勉遜, 竹山幼學申光斗, 利川幼學郭漢偉, 廣州幼學韓宗福, 幼學李承祖, 驪州幼學金得愚, 幼學朴致一, 東部幼學閔希孝, 幼學俞彦佑, 長湍幼學禹大述, 幼學金弘璧, 幼學李鉉裕, 積城幼學李基永, 開城幼學李命大, 西部幼學尹之五, 青州業武朴成逵, 幼學鄭守䗝, 忠州幼學權逴, 海美幼學李宜培, 瑞山幼學李晟源, 安峽幼學金聖濂, 鏡城前縣監孫碩周, 全義幼學金世烈, 加平幼學曺鳳振等, 爲其父加資事, 陽城幼學朴得根, 爲其父襃賞事, 春川幼學成瓚, 爲其曾祖加資事, 平壤私奴戈金得, 爲其上典李氏襃賞事, 楊根幼學俞埴, 公州幼學李相夏, 瑞山幼學任燧, 清州幼學吳奎煥, 文義幼學申希祿等, 爲其祖加資事, 北部幼學李赫載, 免稅還給事, 前計士崔珪, 賜牌田結推給事, 長湍幼學黃默, 爲本府士人沈公濟旌襃事, 南平幼學鄭明欽, 爲故學生徐應祖旌襃事, 同福幼學河廷益等, 爲故孝子丁致業旌襃事, 泰仁幼學安錫命等, 爲潭陽故士人權得誼旌襃事, 鐵山幼學鄭趾顯, 爲其曾祖旌襃事, 全州幼學李聖伍, 爲同郡孝子李大成旌襃事, 公州幼學金斗燦等, 爲其鄉中金鳳善三世孝烈旌襃事, 幼學金得明, 爲本府幼學尹良佐旌襃事, 通津幼學閔禹鉉, 爲其先祖旌襃事, 京畿儒生趙漢璡等, 爲故大司成禹性傳旌襃事, 尙州幼學成載烈, 爲其先祖旌襃事, 黃海道儒生尹得履等, 爲忠毅公金文起竝享於忠穆公俞應孚祠事, 沔川幼學成鎭坤, 爲其傍祖成三問棹楔綽楔事, 長城幼學金敬徹等, 貞武公奇虔之祠賜額事, 漣川儒生南櫛等, 爲麗季忠臣李陽昭腏享事, 文義幼學宋復圭, 爲故孝子吳尙健祖子孫旌贈事, 井邑幼學柳達元, 爲其祖旌表事, 忠清道進士金世基等, 爲故校理成爔, 忠賢書院追配事, 嘉山幼學金習, 爲其父襃賞事, 泰仁幼學金尙採等, 爲故別提安義·孫弘祿, 南皐書院配享事, 永川幼學金宗藩等, 爲忠定公皇甫仁, 臨皐書院躋配事, 永平幼學俞載健, 爲俞應孚延諡事, 全羅道儒生李陽脩等, 慕〈巖〉書院宣額事, 京畿·慶尙·全羅三道儒生李亨復等, 丹城道川書院復額事, 南部幼學崔敬心, 爲忠壯公李福男復戶出給事, 楊州幼學金河柱, 爲其曾祖孝行旌閭事, 大興幼學徐範禮, 爲其先祖襃贈事, 鐵山幼學盧賢祐, 爲其兄嫂旌閭事, 光州進士朴夏鎭等, 爲故忠臣柳彙進旌贈事, 江華

幼學姜溦, 爲其先祖旌閭事, 京畿儒生李義泳等, 爲柳宅南旌閭事, 長湍幼學吳泰來, 爲同郡李夏瑞妻金氏旌閭事, 義州私奴成男, 爲其上典金氏旌閭事, 大興私奴㪷男伊, 爲其上典俞氏旌閭事, 鐵山幼學鄭久恭, 爲其祖母林氏旌閭事, 京畿儒生尹聖迪等, 同里朴九里褒異事, 西部閑良金再亮, 爲其祖先追配褒忠祠事, 加平幼學南宮䅘繼後事, 長湍故學生朴厚根妻申氏繼後事, 仁同幼學申光縉, 爲其兄光復繼後事, 溫陽幼學趙榮臣, 爲其姪星達繼後事, 驪州幼學李東淵, 爲其族姪宗翊繼後事, 柒谷幼學黃厚瑞, 爲其族姪尙鎭繼後事, 廣州出身宋世漢, 所生子推給事, 通津獄囚朴舜佐妻李召史, 爲夫稱冤事, 鏡城私奴己男, 爲其上典稱冤事, 平壤出身宋時哲, 換錢還推事, 新溪幼學李明垕, 安山幼學趙完相, 坡州幼學成德修, 康翎良人張世秋, 仁川幼學趙熙泰, 豐德出身朴尙洽等山訟事, 廣州幼學李昌永, 賜牌田土還推事, 驪州幼學尹致和, 先世舊基橫被侵禁事, 北部童蒙吳仁成, 爲其父承襲事, 中部觀象監判官金潚, 爲其父加資事, 命踏啓字. 仍命書傳敎曰, 上言回啓, 皆令限內爲之事, 分付各司, 擊錚供辭, 亦令明日內回啓事, 分付該曹該道. 又命書傳敎曰, 今番高陽郡射亭臨射時, 擧行將校軍兵, 雖有施賞之命, 而二巡全布, 自有應施之賞, 況本郡臨射, 係是稀有之擧, 弓矢人, 依例帖加成給, 畿校二人加資, 郡校, 邊將, 待窠首先調用事, 分付. 又命書傳敎曰, 兩日駐駕, 兼試儒武, 殘邑供億, 貽弊甚不些, 貽弊卽民弊, 不可無別般顧念之擧. 且聞時留庫, 只是五百包云, 據此邑力之凋殘, 可推而知, 南城已例, 雖難容議, 若其息肩之道, 明日令廟堂草記稟處, 召見父老, 亦已詢瘼, 駕過之後, 豈無恩澤? 楊州·高陽壬寅以前舊還, 高陽乙巳條拯劣米, 特竝蕩減, 聞本郡幅員爲八面, 而沿江五面, 水沈爲害, 來頭俵稅, 申飭邑宰, 躬尋查報, 俾無白徵之患, 早欲下敎, 而待今幸行, 姑此泯默. 大抵今年農形, 雨澤過於周洽, 沿邑擧有汎溢之害, 況歲供, 在此等邑, 今年畿邑生蟹封進一款, 無論已捧未捧, 特許停免, 以示朝家均視之意事, 分付該道. 苟有不謹是, 惠未下究, 自有從後考察之擧, 不飭之道伯, 難免其責, 一體嚴飭. 命退, 承史以次退出.

『承政院日記』, 정조 11년 8월 28일 (계해) 원본 1632책 / 탈초본 87책 (22/34) 1787년 乾隆(淸/高宗) 52년

○ 朴天衡, 以禮曹言啓曰, 因京畿·慶尙·全羅, 三道儒生李亨復等, 爲其江城君文益漸, 丹城道川書院復額事上言, 臣曹覆啓判付內, 依回啓施行, 遣官致祭, 以示朝家崇報之意, 獻官, 以道內侍從守令差定, 待香祝下送, 卽爲擧行事, 判下矣. 祭文則令藝文館撰出, 額號則旣是復額, 仍舊號以道川書院書寫, 宣額, 何如? 傳曰, 允.

『承政院日記』, 정조 12년 1월 5일 (무진) 원본 1638책 / 탈초본 87책 (22/24) 1788년 乾隆(淸/高宗) 53년

○ 副司直姜世晃疏曰, 伏以臣薄有筆墨之技, 無論親疎, 有求輒應, 手蹟所及, 殆遍遠近, 其平日不能矜愼之失, 固所自訟. 向在乙巳年間, 全羅道長興文姓人名不記者, 來請其遠祖江城君文益漸私廟柱聯. 臣果漫書而應之日, 泣玉玦於劍南, 功存社稷, 傳綿種於海外, 澤被生民, 伊後歲月寖遠, 置之忘域矣. 今伏聞慶尙道丹城江城君道川書院宣額致祭官禮曹正郎臣李重所傳, 以爲當其宣額之日, 院儒告曰, 御製懸板, 昨已奉安云, 而其文曰, 卓忠孝於百代, 扶植綱常, 倡道學於東方. 樹立斯文, 李重心竊疑, 宸章之未聞頒下, 又怪其事面之極其無理, 急令撤去, 密探其委折, 則有觀光者一二人, 私相酬酢曰, 不但此事, 曾聞全羅道長興江城君私廟, 有柱聯揭板, 其處人或謂之, 自上頒下, 而實是姜世晃之筆, 則今此書院所揭者, 未可知何人所書也云. 噫嘻, 痛矣. 此何言也? 虛誑誕妄, 乃至是耶? 臣自聞此語, 心骨震悼, 神爽飛越, 不知所以措躬也. 仍伏念, 近來遐土多有愚妄叵測之類, 譸張虛說, 轉相倡和, 此實爲世道莫大之憂. 目今丹城揭板, 旣已綻露, 自當嚴覈勘律, 而至於長興事, 旣有他道人之爛漫傳說, 則其必有做作詿誤之苗脈, 斷不可置而不覈. 玆敢疾聲煩陳. 伏乞聖明, 亟加明覈於長興府, 究得言根, 撤去揭板, 以正奸民誑妄之罪, 以安賤臣惶蹙之私

焉. 臣無任隕越屛營之至.

○ 獻納金光岳疏曰, 伏以歲鑰載新, 景祿川至, 歡忭顯祝, 群情益切. 仍伏念臣本以疎逖之蹤, 幸蒙洪私, 濫厠臺列, 愚迷譾劣, 百不猶人, 而有除輒膺, 蓋緣義分之嚴畏, 無知妄作, 實多擧措之顚錯, 惶愧之極, 若隕淵谷. 乃者除旨又下, 飭敎荐降, 臣惝怳震懍, 他不可顧, 不免章皇出肅, 以伸叩謝之忱, 而顧臣不稱之實, 臣旣自知, 因仍蹲冒, 有壞廉防. 且臣素患痰癖之症, 又添天行輪疾, 頭目眩轉, 手足麻木, 寒熱迭作, 食飮全却, 氣促喘急, 症形免苦, 實無自力供仕之望. 瞻望天門, 耿結采切. 兹不得不略陳危懇, 仰瀆崇聽, 有臣如此, 生不如死. 伏乞天地父母, 俯垂鑑諒, 亟遞臣職, 仍治臣罪, 以肅朝綱, 以警具僚焉. 臣旣不以言官自處, 不宜贅及他說, 而區區愚衷, 未敢終默. 況今一元回斡, 萬品昭蘇, 天時屬鼎新之機, 治敎啓泰來之運, 此正體乾行政之一大機會也. 臣雖愚劣, 粗有一得之見, 猥陳十條之說, 言雖膚淺, 事或切時, 惟聖明垂察焉. 其一曰, 明聖學也. 人君出治之本, 專在於學. 夫所謂學者, 非謂詞章之間, 訓詁之末而已, 學而至於聖人之道也. 惟我殿下, 睿知出天, 富於春秋, 高明聖學, 精一之心法, 固已臣僚所欽仰, 則宜無待於加勉, 而存養之道, 最戒間斷. 故古聖王之必欲日新而時敏者, 政由此耳. 殿下已於淵蘥之中, 必有所省察之工, 而竊覸近日經筵之講讀, 間多停撤, 儒臣之召對, 或至曠闊, 而一日萬機, 不遺細務, 貽勞聖躬, 亦已多矣. 此雖由於在下奉行之未當聖心, 而殿下一身, 卽宗社臣民之主耳, 何乃自輕如是不之恤耶? 在聖人節宣保嗇之方, 恐不必若是其勞瘁. 伏願聖上, 克恢提綱之政, 益懋端本之德, 以勉夫終始典學之念焉. 其二曰, 立紀綱也. 夫紀綱者, 雖不可以一事言之, 觸類而擧, 隨事以張, 摠括百務, 維持一世, 然後方謂紀綱也. 今日殿下之國, 紀綱立乎, 不立乎? 上自三事之臣, 下至百工之僚, 未聞有修擧振作之意, 而應文彌縫, 爲切時之章程, 臨事姑息, 爲方便之要約, 將兵之任, 師律之

所係, 而委靡益甚, 按法之官, 刑政之所關, 而解弛轉劇, 以至於賓廳脫袍, 而紀綱之頹廢, 已無餘地矣. 此由群下奉職無狀, 而我殿下董率之方, 臣亦有敢言者矣. 包容之德, 寬如天覆而或忽剛克之道, 振刷之政, 嚴如秋肅而或欠持久之方. 故飭敎纔下, 而全昧嚴畏之心, 恩宥敢保, 而擧懷憑恃之念, 大小恬嬉, 一轍滔滔, 紀綱之不立, 職此而極矣. 伏願聖上, 立經陳紀, 備盡奮發之規, 提綱挈維, 期成恒久之化焉. 其三曰, 正名分也. 名分之於世道, 其所關係者, 固大矣. 尊尊貴貴之序, 賢賢長長之義, 誠不可淩夷而紊亂也. 故先聖垂正名之敎, 前哲存安分之訓, 名分二字, 實爲掌世道之急先務也. 上淩下替, 名不正而分不安者, 將不勝其弊矣. 先自卑賤而言之, 則稱號之猥濫, 服食之侈靡, 必效尊貴者之所爲, 而鄕里蔑上下之義, 行路無貴賤之別, 甚至於士夫譜牒, 行貨而添刊, 官職階級, 貽賂而假帖, 則非但等威之倒置, 風化之乖張也. 民業之凋殘, 軍額之耗縮, 亦非細故矣. 伏願聖上, 嚴立科條, 隨現痛繩, 以爲正名分之道焉. 其四曰, 恢公道也. 公道之難行, 自古然矣, 而未有甚於今日. 自其彰著者言之, 則科目, 士子拔身之階, 而每一放榜, 物論喧騰, 銓衡, 人才需用之地, 而纔經大政, 人言叢至, 薦剡之際, 偏着爲習, 黜陟之間, 干囑成風, 爭路擠排, 冒沒而進者, 固不足責, 而可惜其藝. 嗟不獲試, 足用其才, 吁未見調, 疎滯之敎, 每下勤懇, 而朝廷之上, 未見實效, 此無他焉. 有司之臣, 不能對揚, 惟偏私是務故耳. 伏願聖上, 先推在心之公, 益懋祛私之道, 戒飭臣工, 明其好惡, 以爲會歸之方焉. 其五曰, 開言路也. 言路開閉, 國之興衰繫焉. 爲人君而孰不欲嘉謨嘉猷之日聞於上, 爲人臣者, 孰不欲善言善道之日陳於下, 而側聽今日, 言路寥寥, 補闕拾遺, 槪無其人, 官師相規, 亦未多得, 以謨稜爲周容之策, 以含默爲保位之要, 而唯唯諾諾, 擧朝皆然, 此何等氣像也? 言事之一條路, 只有臺閣, 而徒飾邊幅, 動輒規避, 過托情勢, 擧皆徘徊, 仗馬之譏議, 噤烏之誚, 已不勝其泄泄, 則臣等之事殿下, 信乎其不忠不誠, 而抑亦殿下來諫之道, 用言之方, 有所未盡而然耶? 言無善惡, 而同歸記注之休紙, 事無大小, 而盡爲章疏之空言, 或荷嘉尙之敎, 而未蒙敷施之恩, 則莫展芹曝之誠, 反作胥越之歸, 其視古聖王拜昌言之德, 亦將何如耶? 伏願聖上,

克恢虛受之量, 庸紆綵納之眷, 以爲廣開言路之道焉. 其六曰, 勵廉恥也. 人之
有廉恥, 出於天賦之常性, 而一爲私慾所汨, 則愚頑貪狂, 無所不至, 而世道之升
降, 風俗之汚隆, 亦未常不由於是也. 試觀今日, 能廉而能恥者, 果幾人乎? 征利
之心漸痼, 而貪墨旣熾, 縱慾之情轉滋, 而廉白無幾, 此非但俗習然也, 亦必有所
由源矣. 自古朝著之上位淸顯者, 恥爲吏役於州府之間, 而簿書報牒, 莫或貳之
於論思之心者, 卽士大夫礪廉持恥之方, 而今則不然, 樞機淸顯之地, 視不若方
伯居留, 館閣近密之職, 謂不如縣邑守宰, 至有恒言曰, 玉署 · 銀臺, 猶可爲之,
墨綬銅章, 決難得也. 嘻嘻, 此何言也? 此何言也? 自好者之至老不售, 無勢者之
抱牌窮餓, 其亦必然之勢也, 而世道風俗, 旣至於此, 則廉恥, 何可論哉? 若不大
振作大更張, 則亦末如之何矣. 伏顧聖上, 深思挽回之方, 克循激揚之政, 以爲勵
廉之道焉. 其七曰, 簡詞訟. 聽理之法, 豈曰無定制, 而今之最爲疑亂者, 山訟是
已. 主客之分雖異, 而强弱之勢反殊, 彼此各有可據之言, 而立落初無不易之典.
故自謂之知法有識者, 山訟則必欲甘心焉. 至於閭巷匹庶, 皆以山訟爲大事, 而
以之決死生焉. 爲法官者, 眩於從違, 難於左右, 盈案堆几, 狀訴日積, 經年閱歲,
推辨時急, 而官府摘奸, 不遑暇給, 該司回啓, 莫或遲緩者, 太半是山訟一款, 則
痼弊之甚者, 孰有過於此哉? 伏願聖上, 嚴飭中外, 一依通編所載, 步數外濫訟
者, 依律重繩, 以爲簡詞訟之式焉. 其八曰, 整官方也. 我朝官方之施設, 一遵周
官之制, 而尤加詳密, 則不可容議於其間, 而臣竊有一二貢愚者. 內而詮郎, 乃是
主張公選者也, 外而都事, 亦爲輔佐布政者也. 旣有詮堂, 旣有方伯, 而必置二
官, 則互相維制, 法意不輕, 而詮郎爲微末人假銜之漫職, 都事爲無勢者區處之
冗窠, 臨政有苟艱之患, 代啓有猥屑之嘆, 原古設置之意, 今安在哉? 臣意則以
爲銓郎, 雖不使任其通塞, 宜復三司通擬之規, 都事雖不使安廉災傷, 稍存外臺
自重之體, 則亦因時制宜之一道. 伏願聖上, 深軫沿革之不輕, 俾得名實之相副,
以爲整官方之規焉. 其九曰, 端士趨也. 國之元氣, 惟士是已. 士趨正, 則禮法修
敎化行, 風熙俗美, 他日之需用有待也. 此古聖王所以必先培養之道, 而我朝專
以科目取士, 金科玉條, 非不燦然備具, 法久而弊, 士趨漸下, 至於近日而極矣.

苟求其源, 陞庠是已. 文藝之工拙, 初不鑑別, 等第之高下, 任其手勢, 分排多寡, 先定彼此, 請托緊漫, 復分立落, 是故裹頭赴試, 全沒羞愧, 不患藝業之不精, 惟患鑽刺之未至, 利心中驚, 貪目外瞬, 昏夜奔走, 傾軋痼弊, 至於鄕試都會, 尤不成說. 其幼而學, 壯而行, 滔滔是躁競二字, 當初課試作興之義, 反歸浮躁無實之域, 此豈專咎於士子? 亦主司者誤之耳. 或者曰, 陞庠可罷, 或者曰, 考官必擇, 甲可乙否, 實無定論, 而臣意則陞庠固不可罷, 考官不可不擇. 伏願申飭銓曹, 自今以後, 京外諸考官, 以有文學恢公平之人, 各別擇差, 以爲革舊弊, 端士趨之道焉. 其十曰, 化民俗也. 我殿下爲民之政, 蓋已至矣. 水旱豐歉, 賙賑有方, 疾疫死生, 調救從便, 則凡我八域生靈之得免顚連者, 卽殿下天覆地載之德也. 慈父之保弱子, 不足以喻其恩, 而第今爲方伯守宰者, 徒知對揚之爲急, 而愛恤之意偏勝, 戒董之政反輕, 故有若富家無敎之子, 恃恩而長傲, 心不畏法, 言無顧忌, 少以凌長, 下以犯上, 特以日用茶飯之事, 而敺辱士夫, 視爲能事, 侵犯官長, 拖作常例, 小不如意, 則擊錚上言, 無難爲之, 蓋其摶虛捏無, 以祈僥倖者, 十常八九矣. 畢竟行査之際, 扶抑失宜, 强弱必反, 要名譽者, 退托爲辭, 曲直不分, 名分之墮壞, 紀綱之解弛, 誠非細故. 伏願聖上, 克念恩威之竝行, 深軫董率之得宜, 以爲化民俗之術焉. 臣於條陳之外, 又竊有憂慨者. 近來世道日下, 無變不有, 丹城縣道川書院致祭時, 禮官下去前, 文姓族屬及本道儒生, 謂有御製下來者, 而恐喝官吏, 迫脅工匠, 急急刻板, 忙忙揭院, 禮官下來後, 始卽撤去, 而本官之不辨眞僞, 徑先擧行, 殊極駭痛, 儒生之假稱御製, 無難懸揭, 大關世變. 此而置之, 後弊實有難言者. 臣謂丹城縣監鄭柱, 爲先拿問嚴處, 儒生中首倡人, 令本道道臣嚴査窮覈, 從重勘律焉. 巡將爲任, 雖曰冗散之窠, 關係則重. 故醫譯外, 都下白徒, 元無差出之例, 年前明有定式, 至命載錄於新編通補, 而近日則騎曹, 不有法意, 徒循顔私, 至以京邸之立役, 市井之拔身者, 遽然抄啓, 他將差與比肩, 僚堂査拔省記, 物情駭歎, 久而未已. 西北別付料, 設廳之後, 毋論西北, 如有窠闕, 則自兵曹發關於各其兵營, 以好身手有地處才藝兼備者, 取才抄上, 則騎堂又爲試才, 次次塡付, 乃是幾十年遵行節目之典, 而今番則初不行關於兩

道, 又不取才於本曹, 而及其罷官之後, 直自京中, 抄付四人, 遐士武士, 非但擧皆鬱抑, 莫重成憲, 未免因此廢却者, 有乖朝家慰悅之意, 後弊所關, 不可事過而不論. 臣謂前兵曹判書鄭昌順, 罷職, 可也. 詮曹政格, 本自嚴重, 有非一堂上之所可擅壞, 而以日前三詮獨政言之, 朴桂遇則通淸, 詮堂疏刻停望, 而遽爲復望, 金鼎國則持正改通, 宜待長詮, 而獨自排擬, 公議不行, 政例隨壞, 臣亦謂前吏曹參議李集斗, 亟施罷職之典, 可也. 科場之弊, 臣已略陳, 而前冬關西都會時, 定州牧使李壽鵬, 稱以地方官, 頻頻往來於試所榜出之前, 已非嚴科場之道, 而江邊邑意中人, 次畫見屈, 則拔去他人, 然後可以陞付. 故諉以戶籍之遲待, 論報巡營, 至請比較, 槪試官則榜目修正, 委之本官, 徑已還邑, 故末抄事端, 至於此境, 事未有前, 弊實關後. 臣謂分付本道道臣, 各別詳查, 該牧使則施以科場用情之律, 諸試官亦爲嚴勘, 宜矣. 臣無任屛營祈懇之至. 省疏具悉. 十條陳勉, 莫曰陳談, 簡中自有妙理, 當留意. 班譜添刊事, 官階賂帖事, 何乃隱映爲說? 錄送姓名於該房承旨, 以爲下攸司, 照法嚴繩. 詮郞三司通擬事, 事關銷刻, 都事稍存外臺, 自重之體事, 旣稱外臺自重, 在於其人矣. 丹城書院揭板事, 事旣登聞, 不可置之, 該倅罷職, 首倡人勘律, 依施. 前兵判事, 巡將本非淸銜, 而年前因大臣筵奏, 旣已懸註定式, 則爾言無乃爽傳? 爾旣以他將僚堂爲證, 當聞于重臣處之. 別付料之不取才不行關, 罷官後宜付云云. 爾言決知其誤矣. 宜一辨覈, 亦令政院問於前兵判以啓. 前吏議事, 遭劾人不擧擬, 予未聞是規, 掌通之持擬, 亦因生疎, 豈或深看? 罷職云云. 萬萬乖當, 藉此飭勵之機會, 爲此偏黨之舊習, 以惜鳥卵之意, 處分雖靳於僚臺疏, 爾則跡較重, 此等之習, 敢售今日朝廷乎? 來言自來言, 恢蕩自恢蕩, 爾豈敢晏然行公乎? 關西都會事, 誠有是也. 此亦科場, 不可不嚴處, 且以往復巡營爲言, 令政院問于前道伯以啓.

『正祖實錄』, 卷24, 11年(1787 丁未 / 청 乾隆 52年) 8月 17日(壬子)

○禮曹啓言: "忠淸道進士金世基等上言, 請以故校理成熺, 追配於忠賢書院云. 成熺, 昔在端宗朝, 與集賢諸臣, 一心協輔, 竟與六臣, 同入鞠庭, 生死雖異,

氣節同歸. 子姪若孫, 俱享腏食之典, 而成熺之獨漏, 實爲士林之嗟惜. 請議大臣稟處." 允之. 又啓言: "三道儒生李亨復等上言:'江城君文益漸丹城道川書院, 令該曹復額.'云. 江城君, 曾在麗朝, 道學, 風節, 爲世所尊, 國朝儒賢, 擧皆稱述, 而至若木綿賫來之事, 實爲衣被東方之大功, 俎豆本鄕, 宣賜恩額矣. 乃者壬辰兵燹, 廟宇灰燼, 後雖重建, 而尙未復額, 其在崇報之道, 宜置許施之科." 從之. 又啓言: 長城幼學金敬徹等上言:'故判府事貞武公奇虔安靈之祠, 乞蒙賜額云. 貞武公奇虔卽莊陵時生六臣之一, 而托以靑盲, 終不易節, 世祖朝特蒙易名之恩, 而且其平日學問精篤. 曁其曾, 玄有若文愍公遵, 文獻公大升, 相繼爲名儒, 則其淵源之純正, 爲先儒所推. 俎豆之享, 旣已年久, 則祠號之請, 不是異事, 而恩額體重, 有難輕許, 請姑置之, 命議大臣稟處." 又啓言: "沔川幼學成鎭坤上言:'傍祖忠文公成三問, 立祠宇奉香火, 兼施(棹)[綽]楔之典, 三聘, 三顧, 三省等三人, 施以伸復之典, 令該曹稟處.'云. 忠文公節義卓絶, 一片神版, 追露於百年之後, 實非偶然. 今其傍孫, 乃請別建一祠, 仍例(棹)[綽]楔之典云者, 不無所據, 而第念旣建家廟, 則不可無主祀之人, 而後孫已絶, 無處可屬, 給田土, 奉香火一節, 事多掣礙, 有難輕議, 至若成三聘, 三顧, 三省諸人, 俱以忠臣之弟, 同被收司之典, 忠文公旣蒙朝家之褒贈, 則三聘等, 亦宜幷賜伸雪, 而關係恩典, 請幷議大臣稟處." 允之.

『正祖實錄』, 卷25, 12年(1788 戊申 / 청 乾隆 53年) 1月 22日(乙酉)

○獻納金光岳上疏曰:

臣粗有一得之見, 猥陳十條之說. 一曰明聖學. 人君之學, 貴在日新時敏, 而竊覵近日, 多停經筵, 罕接儒臣, 一日萬機, 不遺細務, 貽勞聖躬. 伏願提綱端本, 以勉終始典學之念. 二曰立紀綱. 今日國綱不立, 三事百工, 未聞有修擧振作之意, 應文彌縫, 臨事姑息. 將兵之任, 師律所係, 而委靡益甚; 按法之官, 刑政所關, 而懈弛轉劇. 殿下包容之德, 寬如天覆, 而或忽剛克; 振刷之政, 嚴如秋肅, 而或欠持久. 伏願立經陳紀, 克盡奮發之規. 三曰正名分. 上陵下替, 名

不正, 而分不安, 下及卑賤, 稱號之猥濫, 服食之侈靡, 必效尊貴之所爲. 甚至士夫譜牒, 行貨而添刊, 官職階級, 賂略而假帖, 民業之凋殘, 軍額之耗縮, 誠非細故. 伏願嚴立科條, 隨現痛繩. 四日恢公道. 科目, 士子拔身之階, 而每一放榜, 物論喧騰, 銓衡, 人材需用之地, 而纔經大政, 人言叢至. 藝不獲試, 才未見調, 疏滯之敎, 終蔑實效, 有司之臣, 惟務偏私. 伏願先明好惡, 戒飭臣工, 以爲會歸之方. 五日開言路. 臺閣, 言議之所出, 而徒飾邊幅, 動輒規避, 過托情勢, 舉皆徘徊, 言無善惡, 同歸故紙, 事無大小, 盡成文具. 伏願克體拜昌之德, 益恢虛受之量. 六日勵廉恥. 古者士夫, 羞爲吏役, 今則不然. 樞笔, 淸顯之地, 視不若方伯居留; 館閣, 近密之職, 謂不如縣邑守宰, 至有恒言日: '玉署銀臺, 猶可爲之, 墨綬銅章, 決難得也.' 世道至此, 廉恥何論? 伏願深思挽回之道, 務行激揚之政. 七日簡詞訟. 今之最疑眩者, 山訟是已. 主客之分雖異, 强弱之勢反殊. 士族, 豪右, 必欲務勝, 閭巷匹庶, 至決死生, 爲法官者, 莫適從違. 狀訴日積, 推辨旁午, 誠爲痼弊. 伏願嚴飭中外, 一遵法典所載, 步數濫訟者, 依律重繩. 八日整官方. 內而銓郎, 主張公選, 而爲微末人假銜之漫職; 外而都事, 輔佐布政, 而爲無勢者區處之冗窠. 臣意則銓郎雖不使與聞通塞, 宜復三司通擬之規, 都事雖不使按廉災傷, 宜存外臺自重之體. 伏願因時制宜, 俾名實相副. 九日端士趨. 科目之弊, 極於陞庠. 文藝工拙, 初不鑑別等第高下, 任其手勢. 爲士子者, 亦沒羞愧, 不修其業, 奔走躁競, 至於鄕試, 其弊尤甚. 是皆主司誤之耳. 伏願申飭銓曹, 京外考官, 各別擇差, 期於矯革. 十日化民俗. 殿下爲民之政, 蓋已至矣, 第今方伯守宰, 急於對揚, 愛恤之意偏勝, 戒董之政反輕, 故民不畏法, 恃恩長傲, 毆辱士夫, 視爲能事, 侵犯官長, 認作常例, 小不如意, 則擊錚上言, 無難爲之, 而搆虛捏無, 以冀僥倖者, 十常八九. 伏願克念恩威之并行, 深軫董率之得宜. 臣於條陳之外, 又竊有憂慨者. 丹城縣道川書院致祭時, 本道儒生, 謂有御製, 恐喝官吏, 刻板揭院, 禮官旣至, 始卽撤去. 本官之不辨眞僞, 徑先擧行, 殊極痛駭. 臣謂該縣監鄭柱拿問嚴處. 首倡儒生, 嚴查重勘. 巡將雖日冗散, 醫譯外白徒, 無得差出, 明有定式, 近日騎曹, 徒循顔私, 至以

京邸立役, 市井拔身者, 遽然抄啓, 他將羞與比肩, 僚堂査拔省記, 物情駭歎,
久而未已. 西北別付料有窠, 則自兵曹發關該道兵營, 以好身手, 有材藝者, 取
才抄上, 騎堂又爲試才填付, 乃是節目, 而今番判堂, 初不行關, 又不試才. 及
其罷官之後, 直自京中抄付四人, 遐土武士, 擧皆抑鬱, 臣謂前兵曹判書鄭昌順
罷職. 日前三銓獨政, 朴柱遇則通淸, 銓堂疏劾停望, 而遽爲復望. 金鼎國則持
正改通, 宜待長銓, 而獨自排擬, 公議不行, 政例遂壞. 臣謂前吏曹參議李集斗
罷職. 前冬關西都會, 定州牧使李壽鵬, 以地方官, 頻往試所, 及夫榜眼已出,
試官先歸, 而壽鵬所識儒生, 次畫見屈, 則欲拔去原榜, 陞付其人, 諉以戶籍遲
待, 論報巡營, 至請比較, 事關後弊, 臣謂令道臣, 詳査該牧使, 施以科場用情
之律. 試官亦爲嚴勘宜矣.

批曰: "十條陳勉, 莫曰陳談. 箇中自有妙理, 當留意. 班譜添刊, 官階賂帖人,
錄送姓名於政院, 下攸司照法嚴繩. 銓郎通擬, 事關銷刻, 都事體貌, 旣稱外臺,
自重在於其人. 丹城書院揭板事, 旣登聞, 該倅罷職, 首倡人勘律. 巡將及別付
料事, 爾言無乃爽傳? 宜一辨覈. 遭劾人不擧擬, 予未聞是規. 掌通之持擬, 亦因
生疎, 豈或深看? 擬律乖當. 藉此飭勵之機會, 敢售偏黨之舊習? 來言自來言, 恢
蕩自恢蕩, 爾豈敢晏然行公乎? 關西都會, 誠有是也, 不可不嚴處." 仍命政院,
召問昌順及前平安道觀察使李命植以啓. 昌順對曰: "巡將, 本非淸銜, 或因人轉
囑, 得差者有之, 其人來歷, 臣亦未詳. 年前大臣筵奏, 不許納粟人冒差, 本無中
庶輩立禁之文, 故取考其加資帖, 如非納粟, 亦多爲之. 臺疏所指, 未知何人, 而
臣何敢自謂精抄乎? 西北別付料, 臣發關兩道兵營, 申飭精抄, 雖是已經抄上,
遭故遞任者, 猶令査實, 還屬罷官後直付, 初無是事." 命植對曰: "都會揭榜後,
試官謂: '以居首人所居稍僻, 未及考籍, 報牒差遲.' 旋言: '入籍分明, 如例呈牒,'
地方官未嘗有以此事論報者." 上敎曰: "臺諫雖許風聞, 言多爽實, 非挾雜而何?"
命推考. 政院問刊譜賂帖人于光岳. 光岳終不對. 後乃擧林義喆等數人之名. 政
院請重推. 從之.

『葛庵先生文集』, 卷23, 「碑, 通政大夫承政院左承旨, 知製教. 兼經筵參贊官, 春秋館修撰官. 贈資憲大夫吏曹判書兼知經筵義禁府春秋館成均館事, 弘文館大提學, 藝文館大提學, 世子左賓客權公神道碑銘. 并序」

惟權氏遠有代序. 其本姓金. 實新羅王者之後. 羅末有諱幸者. 以吉昌郡. 佐麗太祖有功. 賜姓權. 秩三重大匡. 位太師. 是於公爲始祖. 歷高麗入本朝. 代有偉人著於國史. 列於世譜. 曾祖諱時準. 永慶殿參奉. 祖諱運. 尙衣院別坐. 考諱世春. 司圃署別坐. 贈承政院左承旨. 母金氏處士諱湛之女. 以萬曆三年乙亥六月十二日. 生公于丹溪里第. 公諱濤. 字靜甫. 幼聰明有才性. 自始知學. 不煩提諭. 便自開益. 雖文義肯綮處. 無所滯礙. 觀察使素聞其名. 嘗至其家. 與之論漢書. 驚曰子我之師也. 自是文辭大進. 一時儕流. 皆自以爲不可及. 壬辰春. 公年十八. 知將有兵亂. 白其大人豫先避地. 居數月. 日本兵作. 人皆驚服. 明年癸巳. 承旨公遘癘不起. 旣殯. 親舊勸令出避. 公不聽. 寢苫枕塊. 晨夕哀臨. 終不爲癘毒所染. 人咸異之. 時嶺南淪爲賊藪. 勢漸熾蔓. 公乃以先公喪. 祔葬先塋之側. 奉母夫人. 轉客湖西. 湖西人見公事母至孝. 持喪甚謹. 莫不愛敬. 遺之以米肉. 以助祭奠奉養之需. 丁酉冬. 賊又從湖南路放兵劫掠. 南土震擾. 公奉母還寓于星州之石田村. 亂已. 始還丹城舊社. 年三十六. 擧進士. 越三年癸丑. 始釋褐. 見光海政亂. 不復有仕進意. 甲寅. 丁內艱. 廬墓以終制. 丙辰. 例付成均館學諭. 不赴. 時鄭仁弘當國用事. 一方士夫趨附者衆. 公獨兀然不顧. 目之以伽倻老賊. 時稱公爲頹波中砥柱. 天啓三年癸亥三月. 仁祖改玉. 六月. 拜承政院注書. 行至高靈. 以病還. 九月. 又除注書. 始拜命. 冬遷藝文館檢閱. 甲子春. 李适反. 公扈從公山. 參原從功. 例陞成均館典籍. 六月. 歷司憲府監察. 爲兵曹員外郎. 秋. 陞正郎. 尋拜司諫院正言. 乙丑二月. 由弘文館副修撰. 轉副校理. 俄遷司諫院獻納. 論遞大司諫南以恭. 四月. 以獻納監臨試院. 糾察嚴明. 場屋肅然. 丙寅秋. 謁告還鄉. 十二月. 拜弘文館修撰. 丁卯二月. 狄人來侵. 大駕幸江都. 以公爲嶺南西道督運御史. 未幾虜撤還. 公竣事還朝. 拜司憲府掌令. 八月. 轉執義. 戊辰正月. 有逆獄. 公參鞫廳事. 又錄原從勳. 二月. 爲司諫院

司諫. 論樂安郡守林慶業苞苴行賂事. 辭連體相金瑬. 金至引過待罪. 上怒將加
公以削黜之譴. 大臣臺諫有言動聽. 事得已. 遂令補外. 五月. 拜興陽縣監. 縣濱
海俗頗陋. 公旣下車. 行養老禮. 以暇日招聚邑中子弟. 課試其業. 親爲講畫. 俗
爲稍變. 爲政以公廉矜恕. 闔境愛戴. 九月. 以司諫徵. 民老幼男女來集車下. 涕
泣不忍別. 旣去. 立石頌其德. 己巳春. 拜司憲府執義. 尋遞付樂正. 呈告還鄉.
庚午二月. 以侍講院輔德召還. 三月. 爲體府從事. 四月. 遼東衙門將劉興治殺
副摠陳某. 自領其衆. 廷臣 議遣李曙, 鄭忠信聲罪致討. 公謂天朝控禦之地. 擅
興師闌入. 恐非事宜. 朝廷是其議. 不果遣. 七月. 上疏論民弊. 言甚剴切不報.
卽呈遞還鄉. 辛未七月. 以宗正召還. 三遷爲執義. 論元宗大王諡號改正事. 有
盛德鴻功無跡可尋之語. 上怒甚. 將繫治之. 賴大臣臺諫救解甚力. 只責海南縣.
邑有石川, 眉庵兩賢遺跡. 公勸諭邑人立祠俎豆之. 仍擇修士課試以時. 因此成
名者衆. 至今邑人稱公以爲師. 癸酉秋. 賜環而歸. 春秋已近六旬. 益無意當世.
就松楸下. 闢齋舍. 以接引後進爲事. 勸飭指誨. 孜孜不倦. 數年間. 丹城一境.
彬彬多文學之士矣. 丙子冬. 清人大舉來侵. 虜騎直薄都城. 上出居南漢城. 公
聞變. 星馳至鳥嶺下. 嶺路已塞. 不得前進. 從觀察使沈演所. 參贊規畫. 及嶺南
兩路兵敗于利川. 觀察使惶怯不知所爲. 公勸令收拾創殘. 迻助聲勢. 聞南漢解
圍. 乃止. 丁丑正月. 公自聞慶奔問至京師. 拜弘文館應敎. 尋以賑救御史. 承命
南下. 旣復命. 卽除輔德. 將赴瀋陽. 以年老遞. 八月. 由議政府舍人. 累遷至執
義. 論金尙憲當國家危亂之際. 遺棄君父. 放閒自便. 見識偏滯. 處事顚錯之罪.
公直道正言. 擧彈無所避. 朝著之 間側目者衆. 十二月. 陞拙衝階. 己卯正月.
拜同副承旨. 例遷爲左承旨. 冬. 謁告還鄉. 庚辰四月. 聞世子自瀋陽東還. 遂力
疾還朝. 爲兵曹參知. 再遷爲戶曹參議. 六月. 拜大司諫. 時朝議方擬公副學吏
議之薦. 竟爲不悅者所沮. 公論惜之. 公以年將休致. 退歸田里. 甲申八月某日.
考終于家. 享年七十. 以再參原從勳. 贈資憲大夫曹判書. 以是年冬十二月某
日. 葬縣東水淸洞乙向之原先夫人墓側. 顯宗大王十二年壬子十月某日. 丹城士
林合享于道川書院. 卽江城君文公益漸尸祝之所也. 公娶晉州柳氏. 贈兵曹參判

諱沃之女. 有丈夫子二人. 長曰克重進士. 次曰克斅. 餘男三人. 曰克純, 克允,
克紳. 女三人. 金基俊, 李之發, 李璞其壻也. 克重有三男二女. 男長曰斗望亦進
士. 次斗章, 斗陽. 女長適士人朴承禧. 次適主簿鄭彬. 克斅有四男. 曰斗元,
瞻, 斗興, 斗老. 女一人適士人曹夏全. 斗望有子三人. 長碩亨. 次德亨. 其季曰
繼亨. 曾爲上舍生. 疏雋有風槩. 南州人士多稱之. 斗陽有子三人. 斗元, 斗瞻,
斗興各有子二人. 公曾孫男凡十二人. 玄孫男五人. 公爲人忠孝誠實. 清直剛介.
其在家. 養生喪死. 有過人行. 其在朝. 正色危言. 爲人所憚. 爲分符字牧. 則學
道愛人之效著. 勸課鄉塾. 則速肖時術之化成. 待宗族. 睦而善誘. 敎戒子孫. 能
勤而有立. 筮仕三十年. 宦情如寄. 有所不樂. 輒引退不少顧戀. 居官清約. 不以
毫毛自近. 家居恬憺. 關節未嘗及於人. 接遇鄉人子弟. 必加以禮貌. 平居燕處.
必正衣冠. 端坐以終日. 蓋其出處大致. 已卓然有出於人者. 而其細行疏節謹密
又如此. 寒岡, 旅軒兩先生所謂學博而踐履篤. 沙翁, 澤老所謂其文章尤嫺於疏
章. 龍洲趙公所謂通介而好善者. 固可以傳無已. 亦可謂知言能紀實矣. 玄逸之
愚. 晚生東海之濱. 常恨未及公無恙時. 詣門供灑掃之役. 屬此衰晚. 獲罪於朝.
投北遷南. 前年春. 幸以天澤餘潤. 得蒙恩宥. 因留滯晉陽西方丈山下. 一日公
之曾孫繼亨抱公家藏行實記一通. 辱以顧余. 再拜以請曰. 曾王父德行風節. 固
不可泯沒無傳. 旣又贈官資憲大夫. 正第二品準格. 又當立碑刻辭頌美. 以表于
神道. 而家世不幸. 大父父相繼淪謝. 至于今. 墓碑不刻無文. 蓋猶有待也. 子無
庸辭. 玄逸謝非其人. 又以罪戾餘蹤. 不得供此役辭. 上舍君旣往復來. 要責不
置. 玄逸終不得辭. 逐据其家牒. 序而銘之曰.

士常患不得位. 有蘊未達. 旣得而有. 病氣與節. 有偉權公. 古之遺直. 家庭
孝順. 立朝謇諤. 移孝爲忠. 弗媚而悅. 惟仁與義. 其理則一. 維執不回. 有犯
無隱. 不吐不茹. 遇事則盡. 當宁動容. 貴彊氣奪. 陰伺顯擠. 敲撼挫遏. 不容
何病. 自靖無愧. 循厥始終. 克愼以守. 水清之原. 宰如其封. 我銘其石. 爲示
無窮.

『大山先生文集』, 卷49,「行狀, 東溪權公行狀」

公諱濤. 字靜甫. 舊爲新羅宗姓. 太師諱幸. 事麗祖有功. 賜姓權氏. 累世至諱漢功. 位都僉議右議政. 醴泉府院君. 謚文坦. 寔生諱仲達. 仕中朝位開府. 本朝封花原君. 自是代有偉人. 曾祖諱時準. 殿參奉. 祖諱運. 尚衣院別坐. 考諱世春. 司圃署別坐贈承政院左承旨. 妣淑夫人商山金氏. 沒古齋諱湛之女. 直提學諱後之六世孫也. 公以萬曆乙亥六月十二日生. 生有異質. 穎悟超倫. 五歲. 授周興嗣千字. 只學字釋. 自以音句讀無礙. 十歲. 以知漢書名. 方伯到門請見. 與之難疑. 歎曰. 爾吾師也. 自是文辭大進. 博通百家. 一時儕類皆自以爲不及. 旣長. 慨然有志於問學. 出入於寒岡, 旅軒二先生之門. 二先生亟稱之. 壬辰. 公先幾倭亂. 移家黃山. 衆皆笑之. 未幾賊大搶. 人始服其智. 避亂人多來聚. 公分資以賑. 所濟活甚衆. 承旨公起義兵. 從郭忘憂再佑陣. 癸巳. 遘癘瘟以終. 旣殯. 人皆勸避不聽. 哀毀踰禮. 幾至滅性. 及葬. 奉母夫人. 轉客湖西. 湖西人皆服公事親居喪之節. 丁酉. 移寓星州之石田村. 與李參議潤雨, 李承旨彥英. 爲道義之交. 庚子. 始還舊廬. 庚戌. 舉進士. 癸丑. 登第. 柄臣有欲薦引者. 而見時事日非. 浩然而歸. 甲寅. 遭內艱. 哀毀一如前喪. 旣葬. 使宗孫執饋奠. 獨廬墓三年. 日三上墓. 風雨不廢. 服闋. 例付權知成均館學諭. 不赴. 時仁弘執朝權. 勢焰薰灼. 而公卓立不撓. 目之以伽倻老賊. 人皆爲公懼. 公不爲動. 構一室於杜陵竹林中. 自號東溪病隱. 杜門淨掃. 讀書玩養. 有若將終身之志. 一時稱爲頹波砥柱. 丹之人無一染跡凶門. 蓋公之力也. 癸亥仁廟改玉. 六月. 除承政院注書. 呈病遞. 冬. 遷藝文館檢閱. 甲子三月. 兼春秋記事官. 論振武錄功加資過濫. 爵賞不均. 非信賞重名器之道. 未幾. 參原從勳. 陞成均典籍. 受由還鄉. 七月. 除監察不赴. 旋拜兵曹正郎. 十月. 移拜正言. 啓私廟親祭時. 豫爲出宮齊宿. 與宗廟之節. 少無降殺. 非所以嚴舉動而防私昵之道也. 十二月. 復除典籍知製敎. 移拜兵曹正郎. 乙丑正月. 拜弘文館副修撰. 兼經筵侍講官. 此後凡有除拜. 帶三字銜如故. 上箚子略曰. 天下之事變無窮而制變之道不一. 愚者昧於故常而智者與時推移. 臣等不知殿下以今日之事勢爲何如也. 政如一人之身新

經大病. 元氣未復. 而客邪外感. 疊見層出. 有不可以言語形容. 則醫者之用藥.
不可以一槩論也. 珙之希冀之念. 臣等不敢以爲必有. 而亦不敢保其必無也. 人
之用心. 舉一則可反三隅. 以子而廢母. 天下之極惡. 而珙既以怵禍. 未免稱首.
則其不能安分而守死. 國人之所共知也. 設令初無是心. 實未與知. 而今日出於
逆招. 明日又出於逆招. 負莫大之名. 處必疑之地. 則以前日怵禍之心. 能保其
後日之不與知乎. 不幸羝羊之觸. 計乃無聊. 羸豕之孚. 至於躑躅而不止於假以
爲名. 則殿下仁愛之心. 亦將何以處之哉. 抑臣等之私憂過慮. 又有大於此者.
枳枸之來巢. 空穴之來風. 理勢之必然也. 人心動則有疑. 疑則有懼. 懼則必危.
積疑之極. 至於危懼. 則禍亂之作. 可立俟也. 目今國事艱危. 人心未靖. 君臣上
下. 如處飛幕而指以爲的者珙也. 始則勳臣疑之. 今則國人盡疑之矣. 羣疑塞胷.
危甚累卵而所恃以爲安者. 譏察而已. 逆适之變. 弘耉之變. 蓋嘗用之而得力矣.
然而國家之有譏察. 非國家之福也. 上自三代聖王. 下至漢唐庸君. 治亂得失.
不一其迹. 而未聞以譏察爲國者. 周厲之監謗. 武后之告密. 雖不敢取以爲今日
之戒. 而國體之損傷. 人心之疑畏. 其弊有不可勝言者. 臣等身逢聖明之際. 拭
目堯舜之盛. 而國家之大計. 乃出於此. 臣等實爲殿下羞之. 今不出珙於外. 則
譏察不可止. 譏察不止. 則國家不可保云云. 俄拜持平. 連上避嫌疏. 二月. 遞授
監察. 旋陞副校理. 移拜獻納. 四月. 入別試試所. 務以公道自持. 場中肅然. 五
月. 除典籍由還. 八月. 爲號牌都監郎廳. 九月. 參會盟錄靖社原從. 丙寅正月.
呈告還鄉. 十二月. 以慶尙道號牌御史赴召. 拜修撰. 丁卯二月. 西賊猝至. 大駕
巡江都. 以公爲慶尙右道督運御史. 六月. 竣事還朝. 拜掌令遞歸. 八月. 拜副修
撰. 未及赴. 拜執義. 戊辰正月. 參柳孝立鞫獄. 錄寧社原從. 仍賜馬. 二月. 拜
司諫. 論樂安郡守林慶業辭連體相金瑬. 體相呈辭待罪. 上震怒. 以待大臣不饒.
卽命補外. 然自此人心肅然. 苞苴不行. 五月. 除興陽縣監. 到任. 設老人宴. 給
八十以上者衣絮. 縣濱海. 士不知學. 公廣聚生徒. 親自敎導. 九月. 以司諫徵
還. 闔境攀轅涕泣. 立石以頌其德. 及還. 體相來慰. 且屈膝以拜. 其見敬禮如
此. 十月. 拜司僕正. 己巳正月. 爲關西推考敬差官. 四月. 拜執義. 七月. 拜樂

正還鄉. 庚午正月. 拜侍講院輔德. 參會試試官. 三月. 爲體府從事. 兼遷陵都
監. 四月. 劉興治殺陳副摠. 自領其衆. 朝廷議遣李曙, 鄭忠信等. 爲征討之擧.
公以爲天朝藩鎮. 不可擅討. 上疏請與王承鸞同事. 朝廷是其議. 分付元帥. 七
月. 以民弊時變上疏. 言甚剴切. 上有未安之批. 屢呈遞還鄉. 辛未七月. 以宗正
還朝. 八月. 拜校理. 九月. 拜輔德. 十月. 拜執義. 俄還授校理. 未幾遞還. 十
二月. 拜司諫. 移拜執義. 壬申正月. 又拜司諫還朝. 三月. 以元宗大王議諡事.
與同僚論啓曰. 古者諡法. 文武成康. 只一字而已. 惟我四祖. 肇基王迹. 功德巍
蕩. 而太祖只上四字之號. 其法古從簡之意. 可謂盛矣. 請追崇諡號. 依太祖朝
例. 只上四字. 上下嚴批. 公毅然獨啓曰. 諡法. 所以據實而易名. 子不得以私其
父. 臣不得以私其君. 名之以幽厲. 而不孝之譏. 不及於宣平. 其義之嚴. 有如是
矣. 至於追崇之禮. 德盛業茂. 無迹可尋. 而育德毓慶. 爲可稱謂. 則四字美名.
足以盡之. 不得於言而強爲架虛. 無亦有欠於誠實之道乎. 上震怒欲拿鞫. 大臣
臺諫. 交章論救. 定配海南. 直聲震朝野. 一時名公巨卿. 多出餞于江上. 縣有石
泉, 眉庵舊宅. 諭本邑人士立祠以祀之. 仍聚生徒. 勸課不倦. 因此成名者衆. 癸
酉八月. 因明政殿雷變. 審理赦還. 以誘掖後進爲事. 設齋舍課童蒙. 又選鄉里
秀才. 隨材設科. 如伊川月課之法. 講畢. 敎以進退揖讓之節. 處心行己之方. 以
此文才蔚然. 人比之文翁之化蜀云. 丙子十二月. 虜騎大至. 上入南漢山城. 公
聞變馳進未達. 從監司沈演于鳥嶺下. 與之籌畫軍務. 及雙嶺軍敗. 公盡心曉諭.
收拾潰卒. 爲赴援計. 聞和議已定. 遂止. 丁丑二月. 公自陣下. 星夜奔問. 始叙
拜應敎. 朝廷以落南士民賑救. 擇差御史. 公承命南下. 遍諭人士. 多募粟救活.
其設施條畫. 動中機宜. 六月. 竣事復命. 卽除輔德. 將赴瀋陽. 以年老遞還. 八
月. 拜執義. 俄拜舍人. 九月. 除司僕正. 又移拜執義. 十月. 拜舍人. 以葬子呈
告還鄉. 戊寅七月. 以司諫還朝. 遞拜宗正. 九月. 爲嘉禮都監郎廳. 又移拜執
義. 因晝講. 知事李貴引朱子引君爲黨之語. 有失對語. 公進箚略曰. 吾朱子繼
往開來. 集成聖道. 橫說竪說. 泛應曲當. 皆可爲萬世法. 而殿下遽疑其不能無
病. 係著堅固. 不肯決捨. 不幸而近於侮其言. 其爲聖學之疵累爲如何哉. 噫. 由

今之道. 無變今之習. 則黨之一字. 固可以亡人之國. 而朱子所遇之時. 則與今日之事自別焉. 當紹熙新服. 陰邪朋結. 盤據左腹. 形勢日熾. 一時端人正士不肯受其籠絡者. 擧皆目之以朋黨. 一網打盡之計. 機牙垂發. 而宰相留正不能辨別賢邪扶植士類. 而顧乃依違其間. 專事調停. 言路章疏稍侵奸黨者. 或黜之遠外. 或處之閒地. 助其氣勢. 醞釀巨禍. 而方且晏然泯慮. 欲以無黨自處. 則以朱子救世之心. 其可不爲之盡氣而力爭邪. 前後往復書疏. 累數千言. 諄復啓發. 叩竭無餘. 而務爲調柔. 規避黨目. 政爲留相受病重處. 不得不勤攻其闕而有是言也. 聖賢立言之指. 各有所指而發. 孔子之死欲速朽. 孟子之仇讎何服. 若不深究微意而斷取一句語. 以辭害義. 則其不能無疑者鮮矣. 殿下試取朱子與留書四通. 燕閒之暇. 反復溫繹. 則朱子立言之本意. 庶幾昭晰於乙覽之下而無復可疑矣. 又上民弊疏略曰. 今日之事. 不止於痛哭而流涕. 喪亂甫定. 飢饉斯酷. 三南郡邑. 赤地者幾半. 流離之慘. 有甚於安上所見. 而君臣上下. 方且恬然越視. 未聞有救焚拯溺之政. 仁愛之天. 安得不動威而警告之乎. 陰虹濁氣. 敢抗於太陽之精. 竟夕氛霧. 乃發於閉塞之節. 冬雷夜殷. 陰曀經旬. 若以洪範傳所載言之. 此非小變云云. 十二月. 以都監功勞. 陞折衝. 己卯正月. 拜同副承旨. 次陞至左. 五月. 移拜戶曹參議. 十二月. 由還. 庚辰. 世子東還. 遂力疾赴朝. 拜兵曹參知. 遷左承旨. 六月. 移戶議. 俄拜大司諫. 朝議方擬公副學史議之薦. 竟爲不悅者所沮. 公恬然不以爲意. 人服其量. 時公年已六十有六. 累呈辭疏. 退而家居. 完養性情. 屢有徵命. 終不起. 崇禎甲申八月二十七日. 考終于第. 享年七十. 其年十二月二十九日. 葬于水淸洞先夫人兆次負辛之原. 配淑夫人晉州柳氏. 贈兵曹參判諱沃之女. 後公六年而沒. 子男某某. 女適某. 孫男某某. 公性質剛方. 器局峻整. 孝友之行. 得之天賦. 而充養之方. 濟以學問. 審義利之辨. 明出處之道. 其立朝. 樹立卓然. 操守確如. 陳善格非. 則雷霆有所不避. 辨奸嫉惡. 則權貴有所不顧. 以此屢遭顚躓而處之泰然. 不以榮辱介意. 其居官也. 仁民惠物之心. 藹然政表. 立賢祠興學校. 以化民敦俗爲務. 及其罷歸. 匹馬單壺. 行李蕭然. 不以一物自隨. 其處家則動以規矩法度嚴肅. 宴居之時. 必整冠端坐.

不設惰慢之氣. 敎子弟必以義方. 嘗爲文以戒日. 毋飮酒. 毋從禽. 毋與開人往來. 一味勤讀. 毋令老父憂在負羽. 見宗族有過. 則必恂恂敎誘. 使之自格而不加以聲色. 鄕中年少之來. 亦必禮貌之. 如見尊賓. 人之有飢寒. 必資以衣食. 其持己則一以正大光明. 關節未嘗施人. 請託無敢及門. 平生不屑功名. 朝遞暮歸. 無復有顧戀之意. 經學之博. 典禮之明. 踐履之篤. 實寒, 旅諸賢所推重焉. 文章則在公特餘事. 而一時詞伯如澤堂李公. 斂衽歎賞. 以爲癸亥後疏簡. 當推公爲第一云. 有遺集若干卷藏于家. 以再錄原勳. 贈資憲大夫吏曹判書. 兼知經筵, 義禁府, 春秋館, 成均館事, 弘文館大提學, 藝文館大提學, 世子左賓客. 顯宗壬子. 士林躋享于道川書院. 公五世孫必忠抱遺集家牒. 屬象靖以校勘之役. 且俾以論撰其德嫩. 顧淺陋何敢當. 徒以平日高山景行之思. 不敢無一言. 謹第錄如右. 以備異日立言君子之采擇云. 謹狀.

『樊巖先生集』, 卷45, 「神道碑, 贈資憲大夫吏曹判書行通政大夫司諫院大司諫東溪權公神道碑銘」

公諱濤. 字靜甫. 號東溪. 安東之權. 麗太師幸之後也. 自麗而入聖朝. 族大而蕃. 代有偉人. 氏譜可考. 永寧殿參奉諱時準. 尙衣院別坐諱運. 於公爲曾大父大父. 考諱世春. 司圃署別坐贈承旨. 妣商山金氏. 湛之女. 直提學長之孫也. 以萬曆乙亥. 生公于丹城縣之丹溪村. 幼聰穎. 觀察使聞其名. 巡到縣與之論漢書. 歎日. 爾吾師也. 公時年十歲. 人莫不奇之. 壬辰春. 稟告大人. 挈眷屬深入. 衆皆指笑. 未幾倭奴大入寇. 指笑者始驚服焉. 明年. 承旨公遘癘. 歿於火旺山城. 旣殯. 親知勸日. 盍少違以避染毒. 公爲不聞. 晨夕哀號. 執禮愈嚴. 及葬. 避賊鋒轉客湖西. 湖西人見事親孝持綫謹. 咸敬愛之. 丁酉. 賊又猘搶及兩湖. 寄寓嶺南之星州. 亂已還丹溪舊社. 三十六. 中司馬. 越三年癸丑. 登第. 時. 光海政亂. 柄臣有欲尉薦者. 立謝之. 踰嶺不顧. 甲寅. 丁母憂. 盧墓哀號. 三年如一日. 制闋. 付成均學諭. 時. 鄭仁弘用事. 士大夫多趨附. 公顯斥之. 嘗日伽倻老賊. 人爲公危之. 不少撓. 天啓三年仁祖旣反正. 除承政院注書. 薦入

史局爲翰林. 甲子. 适擧兵叛. 扈駕公山. 旣還都. 陞典籍. 遷監察兵曹佐郎正
郎. 尋拜正言. 乙丑. 錄瀛選. 自是歷敭三司. 於臺閣. 持平, 掌令, 執義, 正言,
獻納, 司諫. 於玉署. 修撰, 副修撰, 副校理, 應敎. 於春坊輔德. 政府則爲舍人.
掌樂, 司僕, 宗簿則爲正. 而一官而累焉者有之. 間嘗選知製敎. 丁卯之訌. 爲慶
尙右道督運御史. 後爲嘉禮都監郞. 以之陞通政階. 前後有召命. 或赴或不赴.
而旣赴. 必思所以盡職. 職遞輒浩然歸鄕廬. 未嘗淹於京. 其在正言. 啓于上曰.
當私廟親祭. 預出宮齋宿. 與祭宗廟. 無少降殺. 非所以嚴擧動防私昵. 又言啓
運別宮出入禁中時. 禮部之定以承旨一員陪後. 實無前變禮. 禮堂合施警責. 又
言金公諒在先朝末年. 所爲多悖濫. 仍請亟寢授資. 上不得已收公諒資. 明日命
復授. 啓言今日從臺言. 明日寢格. 寧有如許事理. 政令之無恒. 待下之不誠. 其
弊不可勝言. 爲修撰也. 疏言國家之有譏察. 非國家之福. 譏察不止則國家不可
保. 時. 諸勳臣. 疑仁城君珙有希冀之心. 用譏察爲務. 公痛言之. 在司諫. 論樂
安郡守林慶業苞苴行賂事. 辭連體相金瑬. 金呈告待罪. 上以爲待大臣不宜如
是. 出補公興陽縣監. 居四朔. 以司諫召還. 闔境攀轅涕泣. 立石以頌. 以輔德兼
體府從事也. 遼東衙門將劉興治. 殺陳副摠繼盛. 自領其衆. 朝廷議遣李曙, 鄭
忠信. 聲罪致討. 公言天朝控禦之地. 擅興師闌入. 於義不可. 有識皆是之. 仁祖
辛未. 上方追崇元廟. 命依成廟故事議謚. 公以執義. 啓言事非得中. 上諭之以
人子所不忍爲. 公又啓言. 謚者子不得以私其父. 臣不得以私其君. 名之以幽厲.
不孝之譏. 不及於宣平. 追崇之君. 不幸而未及臨御矣. 未及發政矣. 德盛業茂.
無跡可尋. 不得於言而强意鑿虛. 無亦有欠於誠實之道乎. 上怒甚. 禍將不測.
大臣臺諫. 交章救解. 只責配海南縣. 直聲振朝野. 朝之名公卿. 皆出餞江上. 咨
嗟歎息以歸. 到配. 論人士立祠石川, 眉庵舊基以祀之. 簡俊秀勸課不怠. 人至
今稱公爲師. 癸酉. 因雷變. 浦渚趙公翼疏言直臣被謫. 久未蒙宥. 安得無召灾.
於是上命放之. 自此無當世念. 設齋舍進鄕里秀才. 課學. 如伊川月課之法. 丹
城一境. 彬彬多文學之士矣. 丙子冬. 聞南漢被圍. 星夜馳至鳥嶺. 路梗不得前.
從觀察使沈演. 參贊規畫. 及雙嶺軍敗. 涕泣曉諭. 收拾創殘. 爲赴援計. 聞虜騎

撤乃止. 丁丑二月. 奔問至京師. 尋以賑救御史. 奉命南下. 所條畫. 動中機宜.
旣復命. 以執義參書講. 知事李貴引朱子引君爲黨. 語有失對. 公退而陳箚其言
累百. 略曰. 吾朱子橫說竪說. 皆可爲萬世法. 而殿下遽疑其不能無病. 不幸近
侮其言矣. 試取與留. 正書四通. 反復溫繹. 則立言之旨. 庶幾昭晰矣. 戊寅冬.
陞通政. 己卯. 拜同副承旨. 序陞至左承旨. 庚辰. 拜兵曹參知. 轉戶曹參議. 已
又拜大司諫. 論吏曹判書李貴擧劾臺官之失則曰. 該曹權柄. 無亦太重. 論會盟
勳臣官資之濫. 則請並改正. 別施恩賜. 士論多之. 朝廷有議公副學, 吏議之選.
竟爲不悅者所尼. 公以年將休. 致退歸田里. 甲申八月二十七日卒. 享年七十.
以再參振武靖社原從勳. 贈大冢宰. 窆于水淸洞負辛之原. 實先夫人兆下也. 士
林戀慕不已. 顯宗十二年壬子. 合享于丹城之道川書院. 卽江城君文公益漸尸祝
之所也. 公配晉陽柳氏. 贈參判沃之女. 男克重進士. 次克斅. 側室三男三女. 曰
克純, 克允, 克紳. 婿金基俊, 李之發, 李璞. 克重三男二女. 斗望進士, 斗章, 斗
陽. 婿朴承禧, 鄭彬. 克斅四男一女. 斗元, 斗瞻, 斗興, 斗老. 婿曹夏全. 斗望三
男四女. 碩亨, 德亨, 繼亨生員. 女皆適人. 斗章以兄子德亨子之. 二女皆適人.
斗陽三男二女. 義亨, 哲亨, 履亨. 女皆適人. 斗元二男. 植亨, 玉亨. 斗瞻二男
一女. 是亨, 允亨. 女適人. 斗興二男一女. 嶷亨, 信亨. 女適人. 斗老以兄子信
亨子之. 三女皆適人. 四五世以下. 多不盡錄. 公忠孝誠實. 淸直剛介. 其處也.
養生送死. 有過人行. 燕居. 必正衣冠端坐. 不設惰慢. 勸課鄕塾則師道丕振. 訓
飭子弟則能勤而立. 其出也. 陳善格非. 正色危言. 不以榮辱介意. 其論元廟諡
一疏. 義理嚴正. 雖古之遺直. 蔑有過焉. 傳曰. 不有君子. 其何以國. 余於公亦
云嗚呼. 公之歿已百有餘年. 士林慕其德. 史家傳其言. 赫赫如昨日事. 而如濟
恭者. 嘗以衙童留丹城縣. 一再來往於丹溪舊基. 高山景行. 瞻眺徘徊. 又與公
諸孫遊. 竊喜其尙有典刑. 今公之五世孫上舍必輔. 見屬以隧刻之文. 何敢以不
文辭. 竊聞寒岡旅軒兩先生亟推公學博而踐履篤. 沙翁, 澤老. 每稱公文章. 尤
嫺於疏章. 龍洲趙公. 以通介好善推重公. 可謂知言. 能紀實矣. 後之求公者. 斯
可以得之. 濟恭何敢贅爲. 銘曰.

公有師友. 寒旅二賢. 公有忠孝. 出處以焉. 自家而國. 非禮不言. 端笏立陛.
白簡謹嚴. 含笑以赴. 海瘴炎炎. 豈無鼎鑊. 上實寬仁. 百代瞻想. 是君是臣. 不
有學力. 于何可觀. 有院歸然. 有墓罜如. 我銘不泐. 水清之壚.

『保晚齋集』, 卷11, 「碑, 高麗文忠宣公神道碑」

稷以稼穡利天下. 功也. 其所以爲本於功則故在矣. 以詩書傳紀所載者推之.
稷之德. 固不讓於其功. 而當時之稱稷. 後世之美稷. 以功不以德. 何也. 蓋日有
如是之功. 則其爲德可知已. 古之論人者. 未嘗以本末而二之. 余於高麗文忠宣
公. 驗其然也. 公諱益漸. 字日新. 南平人也. 以元至順辛未生. 至正庚子年三
十. 登新東堂及第. 甲辰. 拜左正言. 恭愍十二年. 奉使如元. 被拘幽不屈. 竄劍
南萬里外. 又不屈. 比三載. 元知不能奪公志. 乃放還. 方其在劍南也. 見中田多
木綿花. 使從者金龍摘之. 有媼覺而驚曰. 國有厲禁敢爾. 公以其核挿之筆管孔
歸. 植其花塢. 一與外舅鄭天翼種之. 三年大蕃殖. 又相與刱爲繅車. 彈機絲樞.
取子以廣植. 成綿以絮衣. 引縷以織布. 至于今遍滿國中. 自公卿士庶. 以至深
山窮谷之民. 皆貯絮綿布以爲衣而不復知有狐貉之厚者. 皆公筆管孔數核之産
也. 故國中之人. 仰公如稷稱之爲木綿公而未暇德公之德矣. 公英達夙詣. 輔之
以博學力行. 始程朱諸書東至. 公沉潛紳繹. 妙契其理. 遂悟心學之要. 有別墅
在晉之江城治東集賢山下. 川曰道川. 洞曰悟理. 里曰培養. 澗壑清絶. 草樹葱
蒨. 公見邦運將傾. 無能爲力. 謝病深藏于墅. 不求榮利. 自號三憂居士. 憂邦國
之不振也. 憂聖學之不傳也. 憂己道之不立也. 皇明洪武癸亥. 倭寇嶺南深入.
所過州縣殘滅無遺類. 人皆望風走匿. 公方持母服廬墓. 曳衰哭奠如平時. 賊感
其孝不加害. 按廉使呂克琘上其事旌閭. 城郡事崔卜麟勒石曰孝子里. 戊辰. 恭
愍召公爲左司議大夫右文館提學兼春秋館事. 公翻出而應之. 上書論爲學之道.
不報. 時諫官李蹲等. 以私田之不可復. 上書爭之. 公與李穡, 李琳, 禹玄寶. 移
疾不署名. 大司憲趙浚劾公曰. 益漸本以遺逸. 躬耕晉鄙. 殿下以賢良徵拜諫議.
置左右以資清問. 誠宜進盡忠言. 敷陳治道. 以補聖治. 而乃依附幸臣. 以事苟

容. 請罷之. 乃罷. 夫以公之憂時識勢. 豈有晚年從宦之念哉. 然忠賢愛君. 未敢
輕絕. 安知恭愍之終不可諫. 世道之終不可救乎. 故一聞徵召. 翻然而起. 首陳
爲治之本. 又不見用. 則邦運之傾決矣. 於是乎且將復尋初服. 以求其志. 正所
謂身將隱矣. 焉用文爲者也. 豈肯隨時輩之後. 署名於尋流逐末之章乎. 浚之識.
不足以窺公微意. 乃反文致巵言. 劾公去之. 而公未嘗一言較絜. 奉身歸鄉. 樂
其道以終. 是其從容渾厚. 不露涯岸. 隱然有古君子之風焉. 李文純公滉. 謂公
之大節尤在於是而世或莫之知. 噫盡之矣. 公卒未幾. 高麗革命. 本朝光御. 我
定宗大王追封公以江城君. 禮葬公于丹城葛蘆山向酉之原. 置戶守塚錫祭田. 太
宗世宗世祖成宗四朝. 加贈公參知議政府事藝文館提學富民侯. 謚曰忠宣. 錄其
子孫. 多至淸顯. 爲麗史者立公傳. 列之名臣. 而贊以東方道學之宗. 李文純公
記公之孝子碑閣. 曹文貞公植記公之墓祠. 宋文正公時烈又跋文純之記. 皆如史
傳之稱公者. 領南章甫. 腏享公于道川書院. 又享公于冠山之月川書院. 并請賜
額于朝. 從之. 蓋公倡明正學之德. 在於學士大夫. 衣被生民之功. 在於貴賤賢
愚. 易曰. 易知則有親. 易能則有功. 有親則可久. 有功則可大. 可久則賢人之
德. 可大則賢人之業. 公豈其人乎. 文氏. 新羅三重大匡三韓壁上功臣南平伯武
成公多省之後. 入高麗多聞人. 曾祖典農寺事開城尹諱克儉. 祖典理判書諱允
恪. 父左正言兼知制誥諱叔宣. 妣趙氏. 戶部尙書珍柱女. 公初娶周氏吏部尙書
璟女. 封八溪郡夫人. 繼娶判事鄭天翼女. 天翼卽刱繰車. 贊成木綿功者也. 五
男. 中庸文科. 本朝司諫院正言. 中誠, 中實, 中晉, 中啓. 後孫昌熾繁衍. 如木
綿之種. 九世孫緯世. 師事文純. 倡義壬辰. 配食月川書院. 十世孫弘獻有文行.
殉節壬辰. 贈官旌閭. 尤著名云. 銘曰.

　中田有實. 翩反其房. 乃絮乃紡. 乃製衣裳. 春不求絺. 冬無披羊. 維南有種.
伊誰來荒. 顯允文子. 衣我東方. 煥衣無斁. 民則何臧. 維天降衷. 維聖乃光. 以
及程朱. 厥謨洋洋. 書雖自遠. 士猶面墻. 逝彼道川. 迷塗其相. 猗嗟文子. 敎養
之宗. 叶祖光切. 不顯其澤. 流于無疆. 凡厥含生. 俾也可忘. 我紀貞珉. 遺墓之
傍. 有來樵牧. 視此銘章.

▲ 산청 도천서원

▲ 산청 도천서원 사당

목계서원(牧溪書院)

―

Ⅰ. 개설

① 소재지 : 경상남도 산청군 단성면 방목리

② 건립 연도 : 1700년(숙종 26)

③ 사액 연도 : 미사액

④ 배향 인물 : 동곡(桐谷) 이조(李晁), 급고재(汲古齋) 김담(金湛)

⑤ 변천 및 현황 : 1558년 산청의 유림들이 동곡 이조를 추모하고자 두릉사(杜陵祠)를 건립하여 향사를 지냈다. 세월이 흐르면서 두릉사는 두릉서원(杜陵書院), 목계서원, 용운재(龍雲齋) 등으로 이름으로 바뀌었으며, 현재 목계정사(牧溪精舍)라는 현판이 걸려 있다.

목계서원은 1700년에 창건하여 이조, 김담, 동계(東溪) 권도(權濤), 동산(東山) 권극량(權克亮)을 봉안하고 제사를 지냈다. 1719년(숙종 45) 1714년 전에 신설한 서원을 금한다고 하자 철거되었지만, 1778년(정조 2)에 복설되었다. 복설될 당시 권도는 이미 도천서원(道川書院)으로 이안하였고,

권극량도 서원 복원 때는 향사하다가 얼마 후 완계서원(浣溪書院)으로 이안하면서 이 서원에는 이조와 김담만이 남게 되었다.

현재 이 서원은 목계서원, 용운재, 목계정사(牧溪精舍)라는 현판이 걸린 강당, 마당에 있는 작은 건물, 그리고 대문으로 구성되어 있다.

▲산청 목계서원

문산서원(文山書院)

—

Ⅰ. 개설

① 소재지 : 경상남도 산청군 단성면 입석리

② 건립 연도 : 1843년(헌종 9)

③ 사액 연도 : 미사액

④ 배향 인물 : 안분당(安分堂) 권규(權逵), 원당(源塘) 권문임(權文任)

⑤ 변천 및 현황 : 이 서원은 권규와 권문임을 배향하기 위해 1858년(철종 9)에 건립하였다. 그러나 이에 앞서 1802년(순조 2) 권규의 후손들이 그의 묘소 근처에 재각을 건립하고, 권규와 권문임을 위한 서원 건립을 위해 힘썼다. 1843년(헌종 9) 권호명(權顥明)이 문산사(文山祠)를 창설하였고, 그의 아들 권헌정(權憲貞)은 유림들의 공론에 힘입어 문산사를 문산서원으로 승격시키려고 노력하였다. 그 결과 문산사가 문산서원으로 승격되었으나 1868년 흥선대원군의 서원철폐령에 의해 훼철된 후, 아직까지 복원되지 못하고 있다.

배산서원(培山書院)

Ⅰ. 개설

① 소재지 : 경남 산청군 단성면 사월리

② 건립 연도 : 1771년(영조 47)

③ 사액 연도 : 미사액

④ 배향 인물 : 청향당(淸香堂) 이원(李源), 퇴계(退溪) 이황(李滉), 남명 조식, 죽각(竹閣) 이광우(李洸友)

⑤ 변천과 현황 : 이 서원의 기원은 1771년에 세워진 덕연사(德淵祠)이다. 이 서원 근처에 있는 도천서원이 사액을 받자, 1771년 그 서원에 같이 배향되었던 이원과 이광우의 위패를 따로 모셔와 덕연사를 세웠고, 이 덕연사가 흥선대원군의 서월철폐령 때 헐리자, 1919년 진암(晉菴) 이병헌(李柄憲)이 발의하여 문묘와 도동사(道東祠), 강당을 짓고, 이름을 배산서원이라고 하였다.

강당은 전통 한옥양식으로 지어진 정면 4칸, 측면 2칸, 팔작지붕의 5량

가(梁架)구조이다. 도동사와 문묘는 정면 3칸, 측면 1칸 반의 익공식(翼工式) 건물로 전형적인 사당 건축양식인데, 한 서원에 2개의 사당이 있는 것이 일반 서원과 다르다.

문묘에 공자 진영(眞影)을 배향하였고, 도동사에는 이원과 이황, 조식, 이광우를 배향하고 있다. 강당에는 중국의 변법자강운동가이자 공양학자인 강유위(康有爲)의 자필 현판액자가 있고, 김구와 이시영, 조완구, 박은식의 낙성축문 현판이 소장되어 있다. 1983년 7월 20일 경상남도 문화재자료 제51호로 지정되었다. 매년 3월 상해일(上亥日)에 유림들이 모여 제사를 지낸다.

II. 서원 관련 자료

『定齋集』, 卷3, 「雜著, 叙伊川五勝」

紫芝山在縣北二百里. 雄大而崇. 其巓禽獸之所不至. 樹木之所不遂. 産人蔘紫芝當歸. 山腰多楛檜赤木黃楊側栢. 蒙絡巖石. 不通人蹊. 故雖山卜居人. 罕有至者. 欲往者. 五月必挾纊. 戴星而出. 犯黑而歸. 北顧群嶺. 東臨溟渤. 西指海關. 南俯圻郊. 登覽之遠. 未之有也.

陽陰山在縣東北七十里. 石峯拔地. 勢凌霄漢. 巖崖斗絶. 不可攀而上也. 逼而望之. 令人怖懍. 失其精爽. 其小峯邐迤旁列者以十數. 峻峭皆如之. 中有洞天. 圓而寬. 其水會於洞口. 噴薄巖石. 潺湲澄澈. 其石潔白如雪. 其平者若盤. 窪者若釜. 至者留連而忘歸. 洞門之外. 其石黯然. 其水幽然. 其殆造物者之意歟.

雲達山在縣西八十里. 岡巒回沓. 澗谷阻遠. 沿溪平行. 其窮處. 不覺其已出於衆嶺之上也. 其山惟石積累. 爲峯峯然. 騰於雲際. 堆攔駢羅. 嵌嵚奇詭. 隨面而異觀. 其石色黑紫. 斜日益燁然有輝. 其中有學佛人. 無學, 懶翁之遺跡焉.

伊水有二源. 一源出古永豊縣礜嶺下. 一源出熊耳山. 熊耳之水. 東南流. 至平康柄山. 會戱靈山東麓之水西流. 至社倉. 湍瀑懸注數丈. 飛沫觸石成霧. 得日光爲彩虹. 常臥潭上. 其下囓石通渠十餘里. 西入縣境. 至德淵祠下. 北會礜嶺之水. 匯而爲不測之淵. 溢而南流. 過縣治西流. 東折入安峽. 首尾貫絡一縣. 水急多灘. 每夏潦漲. 一通稅舡.

湯泉在縣北九十里. 出綿葛之山. 上下二穴. 相去數步. 各爲石甃. 引以石溝. 注之上湯. 又流爲下湯. 外湯. 凡八湯. 每湯開石槽. 制度精麗. 世祖甞臨幸. 舊有浴殿. 壬辰焚. 其上有所謂鷹峯者. 盖世祖之所登臨云. 其泉上出. 其氣蓬蓬若霧. 臭羶而味甘. 浴之. 已濕痒攣頑瘡蝕之疾. 其上穴紫苔. 下穴碧苔. 其性盖殊. 莫有能辨之者.

▲산청 배산서원

▲ 산청 배산서원 문묘

▲ 산청 배산서원 사당

벽계서원(碧溪書院)

—

Ⅰ. 개설

① 소재지 : 경상남도 산청군 신안면 소이리 벽계마을

② 건립 연도 : 1511년(중종 6)

③ 사액 연도 : 1566년(명종 21)

④ 배향 인물 : 문익점

⑤ 변천 및 현황 : 충선공 문익점을 제향하는 이 서원은 1511년 건립되어 1566년 사액되었으나, 1868년 흥선대원군의 서원 철폐령에 의해 훼철되었다.

서계서원(西溪書院)

―

Ⅰ. 개설

① 소재지 : 경남 산청군 산청읍 지리

② 건립 연도 : 1606년(선조 39)

③ 사액 연도 : 1677년(숙종 3)

④ 배향 인물 : 덕계(德溪) 오건(吳健), 수오당(守吾堂) 오간(吳偘), 용호(龍湖) 박문영(朴文瑛), 사호(思湖) 오장(吳長)

⑤ 변천과 현황 : 한강 정구를 비롯한 사림이 조선 중기의 문신 오건의 학문과 업적을 기념하기 위해 1606년에 창건하였다. 1677년(숙종 3)에 '서계(西溪)'라는 사액을 받았다. 『덕계집(德溪集)』이 이곳에서 발간되었으며, 1789년에는 『사호집(思湖集)』이 발간되었다. 흥선대원군의 서원철폐령으로 헐렸다가 1921년에 복원되었다.

경내는 사당인 3칸의 창덕사(彰德祠)를 비롯하여 4칸의 강당, 3칸의 부속 강당, 각 2칸의 동재와 서재, 대문, 3칸의 고사, 4칸의 태실(胎室)로 구성되어 있다. 신성한 공간인 창덕사에는 오건을 중심으로 왼쪽에 오간과 박문영, 오른쪽에 오장의 위패가 각각 봉안되어 있다. 매년 음력 4월 2일에 유림들이 제사를 지내고 있다.

건물 구조는 전형적인 서원의 배치 형태로서 솟을 대문인 입덕루(入德樓)를 들어서면 좌우에 동재와 서재가 있고, 그 뒤 중앙에 강당인 서계서원이 있다. 강당 뒤로 제사를 지내는 공간인 창덕사가 있고, 덕천재(德川齋)와 장판각(藏版閣), 비각이 축을 이루고 있다. 강당은 원내 여러 행사와 유림의 회합·학문 강론 장소로 이용되었다. 1983년 7월 20일 경상남도 문화재자료 제49호로 지정되었다.

II. 서원 관련 자료

『謙齋先生文集』, 卷6, 「書, 答西溪書院問目」

先生文集編次. 一依下敎. 齊會繕寫. 當設刊局. 而年譜當在外集之首. 此不可闕者也. 伏乞下送. 以爲入梓之地如何.

祭文輓章編次. 以年歲時世爲先後耶. 以發揮緊緩爲先後耶. 抑別有先後之不可紊者存於其間耶. 本卷送上. 伏乞修正次第下示如何.

鄭藥圃, 河覺齋兩先生所錄遺事及門人所記行錄. 幷爲入梓如何.

栗谷先生石潭遺事中. 抄出兩條殊甚緊重. 亦一行錄也. 入於諸賢所記遺事之列. 亦如何.

兩先生遺事及門人所記. 幷可入梓. 而石潭遺事. 非文成公所記. 其門生崔澱之錄也. 愚意不必入梓矣. 祭文挽章. 當俟後便. 元帖見上甲辰正月書

『謙齋先生文集』, 卷7, 「祭文, 西溪書院常享祝」

敬義有傳. 進修可師. 開後光前. 殷禮是宜.

『德溪先生文集』, 卷7, 「外集, 西溪書院春秋享祀祝文門人文緯」

處家而孝友著行. 立朝而正直樹節. 敬義之學. 有傳有授. 進修之實. 可師可式. 玆於仲丁. 明薦誠禋.

『德溪先生文集』, 卷7, 「外集, 西溪書院春秋享祀祝文河弘度」

敬義有傳. 進修可師. 開後光前. 殷禮是宜.

『德溪先生年譜』, 卷1

三十四年丙午. 建書院于西溪之上. 寒岡祭先生墓. 就先生所占西溪之地. 與士林創建書院. ○寒岡祭墓文曰. 一違松楸. 三十年餘. 重來此日. 感淚盈裾. 舊時門徒. 一皆空虛. 齋庵學舍. 盡爲邱墟. 幸免一死. 唯我荒疏. 昏衰瘵病. 爲世遷除. 踽踽孤懷. 如鬱不舒. 落日空山. 倍增欷歔. 念惟舊敎. 匪亟匪徐. 血誠提撕. 偏深愛子. 羹墻敢昧. 心目皎如. 常恐不克. 誓毋負初. 敬奉一觴. 豆肉邊蔬. 莫知我悲. 草木禽魚.

仁廟甲子. 奉安位版於西溪書院. 院在縣治北十里

丁巳賜額

『寒岡先生文集』, 卷6, 「答問, 答西溪書院儒生」

西溪書院儒生問. 享祀時祭物. 求用於官. 事多苟且. 欲與鄉人共議措辦用之. 似乎得宜. 而至於豕牲. 則不可不求於官. 此亦何以爲之.

不求於官. 自院措辦. 最爲得宜. 陶山書院祝詞. 有曰翰音清酌. 其不用豕而用鷄者明矣. 此亦如之. 豈不可乎.

『寒岡先生續集』, 卷7,「書, 與許居昌喬」

前者. 獲奉惠過. 奉敍積阻. 慰感之至. 至今旣久而不敢忘矣. 茲憑西溪有司
之來. 竊聞起居. 尤用欣慰. 逑遠浴蓬山之水而來. 旣未得一分之效. 沈呻數月.
苦被餘毒爲祟. 固知難醫之疾. 欲療增惡也. 西溪書院. 今旣就緒. 祠宇丹碧. 亦
已輝映. 實吾尊契右文之誠有以致焉耳. 其爲感幸. 何可仰喻. 今聞奉安. 已定
於仲春中丁. 未死老門生. 庶可扶曳就覵餘光. 而偏枯跂躄. 莫由自振. 撫躬悼
歎而已. 柰何柰何. 惟恃尊左右隨事惠扶. 不憚盡情. 雖有所闕而未及者. 夫何
患焉. 第聞多士之會. 昕夕之供. 不可闕焉. 而樵炊俱無其人. 前蒙官給. 皆老廢
未可暫令許換. 使士子輩得免飢渴之患耶. 夫如是則士林共爲歆艶之仰. 又豈可
以言喻耶. 不惟爲書院切迫. 亦爲左右情到. 敢伸妄煩. 慚悚面楬.

▲산청 서계서원

▲산청 서계서원 사당

신계서원(新溪書院)

—

Ⅰ. 개설

① 소재지 : 경남 산청군 신안면 문대리 726번지

② 건립 연도 : 1839년(헌종 5년)

③ 사액 연도 : 1839년(헌종 5년)

④ 배향 인물 : 송은(松隱) 박익(朴翊), 야당공(啞堂公) 박조(朴調), 졸당공(拙堂公) 박총(朴聰)

⑤ 변천과 현황 : 1839년 고려 때의 충신 박익을 추모하기 위해 건립되면서 '신계(新溪)'라는 이름으로 사액을 받았다. 이 서원에는 박익의 아들인 박조와 박총도 함께 배향되어 있다.

서원의 창건은 단성(산청)의 유림들과 박익의 후손들에 의해 이루어졌는데, 1836년에 시공하여 1839년에 완성되었다. 당시의 규모는 사우 3칸, 강당 5칸, 대문 3칸, 서재 3칸, 주고(酒庫) 3칸, 소루(小樓) 4칸, 원호사호(院號祠號)와 재호(齋號), 문호(門號) 등이었다. 서원철폐령 때 훼철되었다가 1875년 자손들에 의해 현 위치에 영정각(影幀閣) 3칸과 세한재(歲寒齋) 3칸을 건립하여 박익의 영정을 봉안하고 서원의 역할을 수행했다. 그 후 1917년 유림들이 뜻을 모아 박익의 위판(位版)을 다시 만들어 3월 중정일 (中丁日)에 석채례(釋菜禮)로 봉향하였다. 1936년 협소한 공간과 낡은 재 사(齋舍) 때문에 후손과 유림이 세한재를 철거하고 5칸으로 중건하여 재 호는 신계정사(新溪精舍)로 하고, 사호(祠號)는 송은박선생영당(松隱朴先 生靈堂)으로 하였다.

1985년 3월 유림들이 신계서원을 복원하자고 뜻을 모아 사우 3칸과 내 삼문, 그리고 대문 3칸을 중건하고 주위를 정화했으며, 제기(祭器) 18점이 경상남도 문화재자료 제135호로 지정되어 관리 당국에서 문화재보호각 (동재) 3칸을 건립하였으며 원우(院宇)를 보수했다. 결국 1989년 3월 11일 에 신계서원은 복원되었다.

경상남도 문화재자료 제135호로 지정되어 있는 이곳의 제기는 박익의 제사를 위해 1839년경에 제작된 그릇들이다. 제작 당시에는 32점이었으 나 현재는 18점이 남아 있다. 이 제기들은 청동을 주원료로 사용했으며, 해마다 3월 초정일(初丁日)에 행해지는 제사에 사용되고 있다.

II. 서원 관련 자료

『介庵先生文集 下』, 「附錄, 又行狀」

先生姓姜. 諱翼. 字仲輔. 自號介庵. 又號松庵. 其先晉州人. 高麗國子博士 啓庸之後. 厥後世趾其美. 冠冕不絶. 曾祖諱利敬. 軍威縣監. 祖諱漢. 知禮縣 監. 考諱謹友. 承仕郎. 妣南原梁氏. 麗朝太子中允朱雲之後. 長興都護府使灌 之孫. 承仕郎應麒之女. 以嘉靖癸未正月十八日. 生先生. 生而岐嶷. 甫及齠齔. 狀貌魁偉. 雙瞳泂然. 見者知其爲非常兒矣. 一本. 此下有一曰. 漢人善相者過

之日. 他日大明斯文. 爲吾道表的者. 必此人二十五字. 然氣骨豪邁. 不拘繩墨.
常以田獵角觝爲事. 一本. 此下有亦指揮群兒而已七字. 年至十四五. 一本. 此
下有早抱沈痾四字. 尚未入學. 承仕公憂之. 而方在沈痾中. 不能嚴其敎督之方.
一日. 戒之曰. 人而不學. 無異禽獸. 奈何甘與蠢蠢者同歸. 先生默一本作瞿然
良久. 忽有所感悟. 明日. 就學于同閈鄭希輔. 一本. 云唐谷鄭斯文希輔. 其門學
徒. 見先生以初學從之. 皆笑以爲晚. 希輔一本云唐谷試敎以史略初卷. 見其句
讀分明. 音韻淸朗. 竦然異之曰. 爲他日大儒. 必此人也. 自是. 激昂自奮. 終日
危坐. 孜孜矹矹. 忘寢與食. 纔讀一卷. 文理已達. 不復從師. 有時質疑而已. 于
時先生年幾弱冠. 不但晝以通書史習時文而已. 蓋已知有所謂爲己之學者. 而喚
醒斂飭於心身內外之間者. 已得其端的矣. 甲辰. 丁外艱. 初喪. 哀毀踰禮. 旣
葬. 廬于墓側. 省問慈闈之外. 足跡未嘗離几筵. 鄕隣稱嘆之. 一本云服其孝己
酉. 與伯兄參同占進士試. 其後一二赴擧. 輒巴厭廢. 專以讀書永志爲事. 奉養
孀母. 左右無方. 承顔以色. 菽永盡歡. 每於定省之際. 從容侍坐. 歷陳古今嘉言
善行. 冀其聞而喜悅焉. 與兄弟姊妹. 怡怡無間言. 營礬嫁娶. 咸克有立. 舅氏梁
公悅居與之近. 朝夕必省焉. 在書樓聞其語聲. 認其出外. 則輒下樓拱立. 以俟
其過. 家業屢空. 衣未必取完. 食未必取飽. 而處之裕如. 不以爲憂. 雅有高趣.
栖心間靜. 頭流北麓. 有洞曰登龜. 愛其宅幽而勢阻. 買田結茅. 以爲終老之計.
歲在壬子. 先生爲一蠹文獻公. 創立書院. 時我東方書院. 竹溪之外. 無有焉. 見
聞未熟. 異議橫生. 先生毅然不動. 決意擧役. 適値郡守徐九淵. 雅敬重先生. 尙
其所爲. 出力相助. 旣立講堂. 而徐公遞去. 繼之者匪人. 未瓦而風且雨者六年.
其後得尹確金宇弘相繼來莅. 首尾十年. 而乃克訖功. 廟宇儼然. 階砌峻整. 東
西齋舍. 樓門廚庫. 次苐俱備. 池垣潔正. 松竹森列. 以春秋次丁. 率諸生而俎豆
之. 儀式詳備. 禮貌嚴肅. 諸生莫不駿犇將事. 不懈益虔. 旣又爲之料理指畫. 裒
書聚穀. 以爲藏備永久之地. 遠近聞風坌集. 莫不願在諸生之列. 聽其講說. 事
聞. 賜額灆溪. 頒書籍以榮之. 蓋自寒暄, 一蠹被禍之後. 雖有昭雪之典. 而士氣
猶未盡伸. 斯文猶未盡興. 至於父兄于弟之所以勸勉詔告者. 猶未脫然於禍福成

敗之機. 而譏言道學之事. 先生用是憂之. 奮然爲己任. 排衆咻. 斥群疑. 憊心疲
精. 積以歲月. 而卒有所成就. 使道學煥然復明於世. 嚮之咻者定. 疑者信. 而譏
言者釋然. 則儒先之道. 得先生而益光且明. 其有補於世道. 豈淺淺乎. 隆慶丁
卯. 以吳斯文德溪之薦. 除昭格署參奉. 一本. 此下有先生養志求道. 不喜仕進.
而以家貧親老十六字. 將理肅行. 以疾不起. 寔十月之二日也. 當其疾之病. 有
紫氣若長繩. 自空中垂接于屋上. 迨其屬纊. 其氣漸收. 薄天而滅. 見者異之. 以
爲喆人之亡. 天其示異乎. 享年四十有五. 卜葬于立石洞卯坐西向之原. 承仕公
兆側也. 一本. 此下有葬之日. 遠近章甫. 聚首相弔. 鄕里老少. 執紼而號曰. 善
人沒矣. 天何悲也二十八字. 萬曆辛巳. 鄕人立祠廟. 以先生配於玉溪盧先生.
其後寒岡鄭先生. 答稟定位次之書. 介庵與玉溪. 只以朋友而相敬. 未見其師生
之分云. 東岡金先生之言亦如是. 始定竝享之位. 別爲祝詞. 品式均齊先正之言.
豈無所見而然耶. 始建於漕洲. 中移於羅村. 後移於新溪. 因號爲新溪書院云.
先生天品高明. 城府坦易. 沈潛靜默. 喜怒不形. 風彩峻拔. 鬚髥秀嫩. 不喜麴
蘗. 不近聲色. 其於一切世味. 泊如也. 至其爲學. 無所師承. 而自能奮發超悟.
探賾義理. 貫徹玄微. 古書之盤錯肯綮人所難曉者. 一經於目. 迎刃縷解. 聞其
講釋. 如客得歸. 嘗曰. 書豈有不可曉者. 古人爲文. 皆有其理. 泝理而求之. 自
無難處. 又嘗曰. 學貴自得. 非自得者. 易至差失. 事在勉强. 非勉强. 則無以成
功. 先生之於爲人. 非但天質粹美. 依本分做底. 其强學力行. 精思明辨. 從事於
格致之方. 用力於誠正之功. 幽獨隱微之中. 而所以操存者不懈. 動作酬應之際.
而所以省察者益密. 蓋其重厚故其學固. 剛毅故其行篤. 內外完好. 色夷氣清.
望之可畏. 卽之可愛. 是以人無賢不肖. 莫不有以觀感. 而無怨惡之者. 諸所謂
在彼無惡. 在此無斁者. 先生蓋近之矣. 先生與玉溪先生. 交契深密. 終始莫違.
以先進事南冥先生. 出入其門. 又與東岡金先生. 往來切磋. 互相推重. 斯三先
生者. 智足以知賢人. 而不爲阿好溢媺之言. 南冥嘗與先生論學. 語及鮮克有終.
深歎今之學者不克有終. 因曰. 吾平生見欺於人多矣. 的然相信. 而保無可疑者.
惟吾子一人而已. 玉溪以文哭其死. 累數百餘言. 其略曰. 唯君之生. 氣厚才明.

早習文藝. 卽判重輕. 屏居永志. 古人是希. 身蹈繩約. 思徹玄微. 稽經觀書. 默
契心會. 雖遇肯綮. 迎刃而解. 一簞一瓢. 其守愈確. 和而實介. 物莫之奪. 犯而
不校. 人孰涯涘. 德宇醇如. 可敦薄鄙. 孝友行全. 疇克倫比. 東岡亦哭之以文.
略曰. 嗚呼. 程朱沒而微言絕. 關蓥墟而大道隱. 此道之託. 不過文字口耳. 而異
端之學. 又不勝其紛緼. 士生斯世. 非有卓然之高識. 則孰能特立而不惑. 雖北
方之學者猶多. 昧其向方. 而況乎東土之陋. 僻於斯世. 而閉門自守. 味衆人所
不味. 斯非豪傑之士不待文王者歟. 余求友於斯世. 蓋所取之多方. 然而學之正.
守之固. 則未有如夫子之淳篤. 又曰. 弘哉其執德之廣. 毅乎其任道之力. 闇之
乎其取善之量. 切切乎其文會之益. 則其積於內者深而厚. 所以著於外者朴而
茂. 脚踏平實. 雖不爲崖岸斬絕之行. 而存心不苟. 隱然爲濁世之砥柱. 又曰見
斯世有斯人. 而謂天其未喪於斯文也. 是何其德之豐而命之嗇. 賦予之徧. 終不
得其均也. 已矣乎. 揚休山立. 不可得而復見. 猶有不亡者之長存云云. 欲求先
生之道者. 見此三賢之言. 則可以得其槪矣. 先生之沒. 于今六卞年餘. 而狀文
之托. 未有所屬. 當時親炙之徒. 皆已老死. 名言懿行之在人耳目者. 皆已湮沒
十未得其一二. 雖以甥姪之親. 如蘊之愚. 而生於易簣之後三年. 則何由得其遺
光之萬一哉. 第以表兄渭明之請. 懇懇不已. 義亦有不可推諉. 故謹就鄕士一本.
此下有朴汝樑三字. 從子一本. 此下有姜渭琇三字. 之所敍述. 略陳於前. 而終
證之以三先生之說. 所引繁而不殺. 殊失狀文之體. 然與其以疑似彷髴之跡. 敷
衍誇張. 自立己說. 以欺先生. 欺後世. 曷若引據諸賢的確之論. 可傳於後無疑
者哉. 文體之失. 固不暇顧也. 嗚呼. 天之生先生也. 旣賦以如許之才之德. 而澤
焉而不川. 使不得行道於當世. 又奪之斯遽. 使不暇立言垂后. 以爲開來學淑人
心之地. 天之生先生之意. 果安在哉. 痛矣哉痛矣哉. 先生娶慶基殿漆奉卞潤源
之女. 示亦草溪著姓. 生三男三女. 男. 渭英, 渭賢, 渭明. 女. 孫光顯, 愼誼, 林
眞懋. 先生不喜著述. 其或因事而記纂. 遇興而吟咏者. 未知其多少. 而皆散失
無餘. 今其存者. 只在人口誦者若干首而已. 其亦可憾也已. 甥姪嘉善大夫. 行
承政院都承旨兼經筵參贊官, 春秋館修撰官藝文館直提學尙瑞院正鄭蘊. 謹狀.

謹按. 桐溪鄭先生所撰行狀有二本. 而小有許略. 故玆錄其本集刊行之本. 而添
註一本於其間. 以備參考.

『桐溪先生文集』, 卷3, 「行狀, 介庵姜先生行狀」

先生姓姜. 諱翼. 字仲輔. 自號介庵. 又號松庵. 其先晉州人. 高麗國子博士
啓庸之後. 厥後趾其美. 冠冕不絶. 曾祖諱利敬. 軍威縣監. 祖諱漢. 知禮縣監.
考諱謹友. 承仕郎. 妣南原梁氏. 麗朝太子中允朱雲之後. 長興都護府使灌之孫.
承仕郎應麒之女. 以嘉靖癸未正月十八日. 生先生. 生而岐嶷. 甫及齠齔. 狀貌
魁偉. 雙瞳炯然. 見者知其爲非常兒矣. 然氣骨豪邁. 不拘繩墨. 常以佃獵角觝
爲事. 年至十四五. 尙未入學. 承仕公憂之. 而方在沈痾中. 不能嚴其教督之方.
一日戒之曰. 人而不學. 無異禽獸. 奈何甘與蠢蠢者同歸. 先生默然良久. 忽有
所感悟. 明日就學于同閈鄭希輔. 其門學徒. 見先生以初學從之. 皆笑以爲晚.
希輔試教以史略初卷. 見其句讀分明. 音韻淸朗. 竦然異之曰. 爲他日大儒. 必
此人也. 自是激昂自奮. 終日危坐. 孜孜矻矻. 忘寢與食. 纔讀一卷. 文理已達.
不復從師. 有時質疑而已. 于時. 先生年幾弱冠. 不但畫以通書史習時文而已.
蓋已知有所謂爲己之學者. 而喚醒斂飭於心身內外之間者. 已得其端的矣. 甲
辰. 丁外艱. 初喪. 哀毀踰禮. 旣葬. 廬于墓側. 省問慈闈之外. 足跡未嘗離几
筵. 鄕隣稱嘆之. 己酉. 與伯兄參. 同占進士試. 其後一二赴擧. 輒已厭廢. 專以
讀書求志爲事. 奉養孀母. 左右無方. 承顏以色. 菽水盡歡. 每於定省之際. 從容
侍坐. 歷陳古今嘉言善行. 冀其聞而喜悅焉. 與兄弟姊妹. 怡怡無間言. 營鬖嫁
娶. 咸克有立. 舅氏梁公悅居與之近. 朝夕必省焉. 在書樓. 聞其語聲. 認其出
外. 則輒下樓拱立. 以俟其過. 家業屢空. 衣未必取完. 食未必取飽. 而處之裕
如. 不以爲憂. 雅有高趣. 棲心閑靜. 頭流北麓. 有洞曰登龜. 愛其宅幽而勢阻.
買田結茅. 以爲終老之計. 歲在壬子. 先生爲一蠹文獻公. 刱立書院. 時我東方
書院. 竹溪之外. 無有焉. 見聞未熟. 異議橫生. 先生毅然不動. 決意擧役. 適値
郡守徐九淵. 雅敬重先生. 尙其所爲. 出力相助. 旣立講堂. 而徐公遞去. 繼之者

匪人. 未瓦而風且雨者六年. 其後得尹確, 金宇弘相繼來莅首尾十年. 而乃克訖功. 廟宇儼然. 階砌峻整. 東西齋舍. 樓門廚庫. 次第俱備. 池垣潔正. 松竹森列. 以春秋次丁. 率諸生而俎豆之. 儀式詳備. 禮貌嚴肅. 諸生莫不駿奔將事. 不懈益虔. 旣又爲之料理指畫. 裒書聚穀. 以爲藏修永久之地. 遠近聞風坌集. 莫不願在諸生之列. 聽其講說. 事聞, 賜額灆溪. 頒書籍以榮之. 蓋自寒暄, 一蠹被禍之後. 雖有昭雪之典. 而士氣猶未盡伸. 斯文猶未盡興. 至於父兄子弟之所以勸勉詔告者. 猶未脫然於禍福成敗之機. 而諱言道學之事. 先生用是憂之. 奮然爲己任. 排衆咻斥群疑. 憊心疲精. 積以歲月而卒有所成就. 使道學煥然復明於世. 囂之咻者定. 疑者信. 而諱言者釋然. 則儒先之道. 得先生而益光且明. 其有補於世道. 豈淺淺乎. 隆慶丁卯. 以吳斯文德溪之薦. 除昭格署參奉. 將理肅行. 以疾不起. 寔十月之二日也. 當其疾之病. 有紫氣若長繩. 自空中垂接于屋上. 迨其屬纊. 其氣漸收. 薄天而滅. 見者異之. 以爲哲人之亡. 天其示異乎. 享年四十有五. 卜葬于立石洞卯坐酉向之原. 承仕公兆側也. 萬曆辛巳. 鄕人立祠廟. 以先生配於玉溪盧先生. 其後寒岡鄭先生. 答稟定位次之書. 介庵與玉溪. 只以朋友而相敬. 未見其師生之分云. 東岡金先生之言. 亦如是. 始定竝享之位. 別爲祝詞. 品式均齊. 先正之言. 豈無所見而然耶. 始建於漕洲. 中移於羅村. 後移於新溪. 因號爲新溪書院云. 先生天品高明. 城府坦易. 沈潛靜默. 喜怒不形. 風采峻拔. 鬚髥秀美. 不喜麴糵. 不近聲色. 其於一切世味. 泊如也. 至其爲學. 無所師承. 而自能奮發. 超悟探賾義理. 貫徹玄微. 古書之盤錯肯綮. 人所難曉者. 一經於目. 迎刃縷解. 聞其講釋. 如客得歸. 嘗曰. 書豈有不可曉者. 古人爲文. 皆有其理. 沿理而求之. 自無難處. 又嘗曰. 學貴自得. 非自得者. 易至差失. 事在勉强. 非勉强則無以成功. 先生之於爲人. 非但天質粹美. 依本分做底. 其强學力行. 精思明辨. 從事於格致之方. 用力於誠正之功. 幽獨隱微之中. 而所以操存者不懈. 動作酬應之際. 而所以省察者益密. 蓋其重厚. 故其學固. 剛毅. 故其行篤. 內外完好. 色夷氣淸. 望之可畏. 卽之可愛. 是以人無賢不肖. 莫不有以觀感而無怨惡之者. 詩所謂在彼無惡. 在此無斁者. 先生蓋近之矣. 先生與玉溪

先生. 交契深密. 始終莫違. 以先進事南冥先生. 出入其門. 又與東岡金先生. 往
來切磋. 互相推重. 斯三先生者. 智足以知賢人. 而不爲阿好溢美之言. 南冥嘗
與先生論學. 語及鮮克有終. 深歎今之學者不克有終. 因曰. 吾平生見欺於人多
矣. 的然相信而保無可疑者. 唯吾子一人而已. 玉溪以文哭其死累數百餘言. 其
略曰. 唯君之生. 氣厚才明. 早習文藝. 卽判重輕. 屛居求志. 惟古人是希. 身蹈
繩約. 心徹玄微. 稽經觀書. 默契心會. 雖遇肯綮. 迎刃而解. 一簞一瓢. 其守愈
確. 和而實介. 物莫之奪. 犯而不較. 人孰涯涘. 德宇醇如. 可敦薄鄙. 孝友行
全. 疇克倫比. 東岡亦哭之以文. 略曰. 嗚呼. 程朱沒而微言絕. 關閩墟而大道
隱. 此道之託. 不過文字口耳. 而異端之學. 又不勝其紛綸. 士生斯世. 非有卓然
之高識. 則孰能特立而不惑. 雖北方之學者. 猶多昧其向方. 而況乎東土之陋僻
於斯世. 而閉門自守. 味衆人所不味. 斯非豪傑之士. 不待文王者歟. 余求友於
斯世. 蓋所取之多方. 然而學之正. 守之固. 則未有如夫子之淳篤. 又曰. 弘哉其
執德之廣. 毅乎其任道之力. 闇闇乎其取善之量. 切切乎其文會之益. 則其積於
內者深而厚. 所以著於外者朴而茂. 脚踏平實. 雖不爲崖岸斬絕之行. 而存心不
苟. 隱然爲濁世之砥柱. 又曰. 見斯世有斯人. 而謂天其未喪於斯文也. 是何其
德之豐而命之嗇. 賦子之偏. 終不得其均也. 已矣乎. 揚休山立. 不可得而復見.
猶有不亡者之長存云云. 欲求先生之道者. 見此三賢之言. 則可以得其槪矣. 先
生之沒. 于今六十年餘. 而狀文之托. 未有所屬. 當時親炙之徒皆已老死. 名言
懿行之在人耳目者皆已湮沒. 十未得其一二. 雖以甥姪之親如蘊之愚. 而生於易
簀之後三年. 則何以得其幽光之萬一哉. 第以表兄渭明之請懇懇不已. 義亦有不
可推諉者. 故謹就鄕士從子之所敍述. 略陳於前. 而終證之以三先生之說. 所引
繁而不殺. 殊失狀文之體. 然與其以疑似髣髴之跡. 敷衍誇張. 自立己說. 以欺
先生欺後世. 曷若引據諸賢之確之論可傳於後無疑者哉. 文體之失. 固不暇顧
也. 嗚呼. 天之生先生也. 旣賦以如許之才之德. 而澤焉而不川. 使不得行道於
當世. 又奪之斯遽. 使不暇立言垂後. 以爲開來學淑人心之地. 天之生先生之意.
果安在哉. 痛矣哉痛矣哉. 先生娶慶基殿參奉卞潤原之女. 卞亦草溪著姓. 生三

男二女. 男渭英, 渭賢, 渭明. 女愼誼. 林眞懃. 先生不喜著述. 其或因事而記纂.
遇興而吟詠者. 未知其多少. 而皆散失無餘. 今其存者. 只在人口誦者若干首而
已. 其亦可憾也已. 甥姪嘉善大夫行承政院都承旨兼經筵參贊官春秋館修撰官,
藝文館直提學, 尙瑞院正鄭薀. 謹狀.

『松隱先生文集』, 卷4, 「續集, 新溪書院營建實記[柳宜漢]」

松隱先生. 乃麗季八隱之一也. 夫以我東之獎忠褒義. 遠過前代. 而如公之卓
節懿行. 迄未有闡揚之擧者. 文獻無徵故也. 竊惟故都禾黍岡僕之志莫奪. 西山
薇蕨恥粟之節彌堅. 杜門自靖. 斂跡謝世. 空山草木. 甘與同枯. 則名跡之沈晦.
未必非公之本志. 而及其遺文一出. 千載今日. 多士瞻仰. 享禮斯擧者. 乃天所
以厚報公也. 且勝國之七十諸賢. 無非義烈. 則公之忠節. 人所共知. 而若乃公
之道學文章. 所以繼往開來. 則人鮮能知之. 是則不佞之所深惜也. 今觀立志持
身二箴. 則其曰必期聖哲也. 其曰復其初性也. 其曰言忠行篤也. 其曰九容九思
也. 次第瞭然. 節目詳備. 使先生之全集. 早得出世. 則其所以啓我後人者. 何可
勝道哉. 且先生誡四子曰. 先天後天. 父子異時. 夫聖賢之所貴者時也. 則先天
後天之誡. 非所謂百世以俟聖人而不惑者耶. 謹按. 厖村黃公撰墓表曰. 公有子
四孝. 又有四婦之孝. 蒙恩旌閭云. 夫孝者. 百行之源也. 一門八孝. 自古罕有.
則其身修家齊之效. 有如是夫. 又按畫像贊. 則有曰. 猗歟德容. 理學之宗云者.
吉冶隱之所稱也. 有曰. 千載之宗. 百世之師云者. 卞春亭之所題也. 玆豈非前
輩之惇史乎. 公諱翊. 初諱天翊. 姓朴氏. 密陽人. 高麗版圖判書銀山府院君謚
文憲諱永均. 卽公之考也. 公事麗朝. 官禮部侍郎, 世子貳傅兼中書令. 麗政失
紀. 棄官歸密州. 隱於松溪. 因以自號. 與圃, 牧, 冶, 陶同心不貳. 其憂傷感憤
之意. 往往發之酬唱. 觀於雪松花鵑之篇什. 則可知已矣. 及聖祖龍興. 稱病辟
穀. 五徵不起焉. 有四子. 長曰融. 號憂堂. 次曰昭. 號忍堂. 次曰調. 號啞堂.
季曰聰. 號拙堂. 世稱四友堂. 並師圃隱鄭先生. 成就德器. 其文章學行. 俱爲當
世諸賢所推重. 而憂堂之居家章. 忍堂之戒辭章. 啞堂之陽春詩. 拙堂之愼心篇.

無非行己爲學之要訣. 則眞可謂是父而是子. 難兄而難弟矣. 夫理之顯晦. 其亦有時焉. 乃於壬辰乙未之歲. 文集影幀. 繼次並出. 而先生之遺蹟. 煥然復明於世. 則天意之會發. 若是其神且異矣. 德南新創. 在於文籍見發之翌年. 影幀奉安. 又在再明年. 則人彝之好德. 若是其敏於事也. 第德南配享. 獨擧憂, 忍. 未及啞, 拙. 不免爲闕典. 士論繼發於江右. 玆於丹邑之新川. 別營立祠. 蓋雲仍之居近者掌其事. 士林相之. 歷年而祠宇告成. 又數月而講堂亦告訖. 地倅平康蔡侯臣永. 嘉其事. 乃與邑之儒士. 謀所以如儀虔薦. 於是搢紳章甫. 卜日奉安. 主松隱先生. 配啞, 拙二公. 卽德南創建之七年己亥也. 酒者拙堂之裔孫致現. 屬不佞爲文以記. 辭不獲. 略擧梗槩. 且呈拙搆四韻. 以寓景慕之意云爾. 忠賢五並一人家. 靑史編來亦不多. 八隱高名爭日月. 四堂元氣稟山河. 歌傳虞夏嗟無及. 生際殷周可奈何. 義理相孚先後契. 千年松嶽鬱嵯峨. 崇禎後四己亥八月上澣. 後學成均生員晉陽柳宜漢. 記.

『松隱先生文集』, 卷4, 「續集, 新溪書院上樑文[朴民翰]」

忠烈成家. 擧切秉彝之好德. 庠序有制. 聿觀右文之盛儀. 亘宙倫常. 同堂昭穆. 伏惟松隱朴先生三朝遺獻. 八隱同貞. 理學文章. 已著春亭之贊. 忠孝道義. 厥有冶隱之評. 嗟天命之靡常. 已矣宗社之五百運. 得人心之自靖. 歸歟杜門之七十賢. 用扶萬世之綱常. 頹波砥柱. 不顧五徵之禮幣. 窮壑雪松. 豈止自一己先修. 亦有并四子克肖. 家傳詩禮. 是父是子而承休. 堂和壎箎. 難兄難弟而齊美. 名堂而自警. 日忍日憂. 因號以爲箴. 一啞一拙. 有子四孝. 旣載厖翁之誌文. 爲臣盡忠. 無忝先考之明命. 顧水雲俱邈於汾晉. 奈文獻無徵於夏殷. 請額上言. 誰謂一向埋沒. 節惠恩典. 菫有二字相傳. 得遺稿於塵箱. 理無終閟. 瞻眞影於繡幅. 神實冥扶. 裔孫之感愴愈新. 多士之景慕並摯. 嘉言善行. 寥寥埋晦於幾年. 卓節貞忠. 赫赫昭著於今日. 鈒浦明月. 流照於善竹橋頭. 德峯孤雲. 耀彩乎金烏山上. 顧惟仰止之義. 景行高山. 矧伊陟降之靈. 如水在地. 玆因後裔見在. 乃圖先賢妥寧. 竹碧松蒼. 溯百載之遺烈. 翬飛鳥革. 煥一堂之新輝. 德南

設施. 已有伯仲並配. 新溪奉享. 亶宜叔季追躋. 仰志事於先人. 善繼而善述. 惜日月於賢弟. 斯邁而斯征. 豈徒爲今之聽觀. 將以勸後之臣子. 江城竹樹. 宛對乎大冬孤標. 晉地山川. 密邇乎圃翁新院. 爾昌爾熾. 好是雲苗聚居. 我享我將. 樂此籩豆有踐. 爰綴短唱. 助擧脩梁. 抛樑東. 魯連明月滿晴空. 一言扶得尊周義. 千載猶傳蹈海風. 抛樑西. 瞻彼首陽路不迷. 民到于今欽素節. 採薇高躅有誰齊. 抛樑南. 晉陽城下水如藍. 波中應有英魂在. 叢竹芳蘭靜影涵. 抛樑北. 松嶽千年空黛色. 惟有當時天鍾靈. 日星山海何終極. 抛樑上. 藍劫微茫天宇曠. 不有前脩扶植功. 至今那得人文朗. 抛樑下. 混混前溪流不捨. 爲是源頭活水來. 注茲可以洞吾罜. 伏願上樑之後. 院宇增重. 儒風載新. 絃誦講論之以時. 峨峨兮章甫. 藏修游息之有所. 濟濟乎衿紳. 聞風而興. 奚止頑廉懦立. 循序而進. 庶幾日就月將. 誦其詩讀其書. 尤切羹墻之慕. 居乎今稽乎古. 爰資觀感之功. 立禮興詩. 遵聖師之明訓. 課忠責孝. 仰晦庵之遺謨. 若惟盡修己之方. 抑亦爲尊賢之地.

通訓大夫行司憲府持平兼文臣宣傳官順天朴民翰. 撰.

『旅軒先生文集』, 卷4, 「書, 答新溪書院諸生別紙」

萬曆七年我宣宗昭敬大王十二年己卯. 先生配享灆溪之議. 始出於林葛川. 而士子告由于方伯. 則方伯於先生. 素深景慕者也. 言固當別廟. 何必配爲. 優以資費. 極致誠力. 於是. 鄉之士類. 各聚財力. 立廟於潭之上. 以申義齋爲正堂. 蓋就先生平生杖屨之地. 以寓昌歜之慕也. 湖南士子. 亦告于方伯. 建院於南原之蓼川上先生常所徜徉之地. 以爲藏修興感之所. 稱之曰古龍書院. 南原是夫人之鄉. 而先生嘗寓居焉. 府使李璛. 建院之日. 亦多有助成之力. 男士訓. 以毀不起.

萬曆九年我宣宗昭敬大王十四年辛巳. 是年秋. 奉安先生位板. 因稱曰新溪書院. 時盧君士豫兄弟在憂服中. 狀薦于鄉曰. 表從兄姜參奉翼. 我叔父玉溪先生所與之人也. 斯人之行. 可配於叔父仁祖云云. 鄉議從之. 稟于葛川林先生. 定

位次. 配享本院. 朝廷以尙未㫌孝爲歉. 禮曹判書李友直啓曰. 卒吏曹判書盧禛.
事親終始. 誠孝無間. 非但出於本道觀察使啓本. 至今朝廷上下. 莫不追慕. 特
加㫌表. 用勸末俗. 何如. 自上卽命㫌閭.

崇禎二年我仁祖大王七年己巳三月. 上遣官吏曹正郎金堉賜諡曰文孝. 勤學
好問曰文. 慈惠愛親曰孝.

崇禎後三十三年我顯宗大王元年庚子. 上遣官禮曹佐郎都愼與致祭于書院. 賜
額曰溏洲.

『玉溪先生續集』, 卷4, 「外集, 詩, 五言排律, 新溪書院請額疏疏頭進士 朴鳴震製疏察訪鄭光淵筆削宋尤菴時烈」

伏以. 世道之升降. 由於治化之汚隆. 治化之汚隆. 實係於人主崇獎之如何耳.
臣等歷觀往古致治之帝王及我盛朝列聖之圖理. 自及至理删去如何莫不以崇儒
重道褒獎先賢. 爲升世道隆治化之先務. 國脈以之扶植. 士氣以之激勵. 其在我
我字下加朝字. 如何成廟以下數聖朝積洽培植之餘. 自成廟至培養改以列聖相
承. 右文興化. 如何. 之餘二字. 删去如何. 五賢臣者. 蔚然輩出. 倡明道學. 爲
一代儒宗. 洎我宣廟朝. 聞而知之者. 有若先正臣盧禛. 以大學修齊治平之術.
遭遇盛際. 贊襄至理. 而壽不稱其德. 位不極台輔. 以家宰終. 宣祖大王嘉其孝
行. 㫌表其門閭. 仁祖大王賜諡曰大孝. 式至于我聖上. 崇儒之率由成憲. 褒獎
之次第修擧. 蓋無所不用其極. 一國臣民. 惟忻鼓舞. 快覩文明之聲教. 而快覩
與聲教不親. 改辛被. 如何. 願惟先正臣禛書院自顧至院八字改以獨惟口口. 如
何. 之在厥宅里者. 迄未蒙揭額之賜. 士子之藏修寓慕. 搢紳之行過致敬者. 靡
所瞻仰. 齎咨歎惜. 咸以爲明時之一大欠典. 臣等之百舍重趼. 瀝血叫閽. 雖欲
已. 得乎. 伏願殿下試垂睿聽焉. 臣等謹按. 文孝公臣盧禛. 文孝公盧五字删
去. 如何. 以正德戊寅. 生于咸陽. 實典文獻公臣鄭汝昌同閈. 其父臣諱友明. 受
業於汝昌之門. 自實與至門. 改以其父友明實與文獻公臣鄭汝昌同里而受業. 如
何. 以學行薦授顯陵參奉. 自顯至奉. 改以齋郎. 如何. 禛之學. 得之家庭. 則其

淵源所自. 蓋可想矣. 生而質美. 穎悟絕倫. 其在孩提. 父手寫朱子箴銘以敎之.
應口誦無礙. 父大奇之. 已知其爲大儒也. 自己至也. 改以期以远大. 如何. 甫六
歲. 父歿. 哭泣秉禮如成人. 母泣勸從權. 自母至權. 改以其母涕泣. 勸以從權.
如何. 對曰. 兒今六歲. 比免喪則八歲. 八歲之人. 不服父喪. 可乎. 從其兄盧
墓. 以旣三霜. 鄉人莫不歡異. 服純孝之出天也. 服字. 改以以爲. 之字刪去. 如
何. 稍長能自勉能自勉. 改以自力於. 如何. 爲己之學. 文義日進. 嘉靖丁酉. 選
入大學. 與金麟厚, 金繼輝, 盧守愼諸名流. 爲講道講道. 改以道義. 如何. 交.
華聞日播. 未釋褐. 而朝廷已知有盧禛矣. 丙午. 登第. 選補槐院. 再薦史局. 皆
不就. 爲母乞養. 出知知禮縣監. 以廉簡著績. 明廟特賜豹襦以獎之. 未及瓜. 以
弘文修撰召入. 未幾. 擢拜副提學. 入侍經幄. 敷奏明剴. 進止閒雅. 領事臣尹漑
出語人曰. 眞講官也. 逮于宣廟朝. 承召屢至. 而母以親老承召屢至. 改以屢承
召旨. 而每字. 改以輔字. 如何. 乞歸. 御筆特拜嶺南方伯. 感激恩眷. 黽勉赴
任. 宣化興學. 纖細畢擧. 儒臣金繼輝代茝歎服曰. 不料德行文學之士. 兼有如
許吏才也. 自德至也. 改以其文參吏才兼備如此也. 乙亥. 拜大宗伯. 移冢宰. 而
皆以母病陳章未未字改以不字如何赴. 時禛年五十八. 侍母疾嘗惡惡字. 改以利
字. 如何. 怗苦. 及丁憂. 盧墓. 丁憂廬全四字. 改以居喪倚廬. 如何. 雖大風雨
雪. 不廢上塚. 祈寒盛暑. 下脫衰經. 服闋. 旋遭國哀. 疾驅奔奔字. 改以入字.
如何. 臨. 宿痾因劇. 拜大司憲, 大司馬. 皆未久而遞. 復爲冢宰. 病已革矣. 戊
寅八月. 卒于京師. 自拜大司憲至八月. 皆刪去. 卒字上. 加遂字. 如何. 洛中士
大夫. 傾朝奔哭. 街童走卒. 無不悲慟. 其返葬也. 數郡畢至. 未至者. 爲位而
哭. 數郡畢至. 改以會者傾數郡. 未字上. 加其字. 爲字上. 加則字. 如何. 此禛
出處終始. 且載諡狀且載諡狀所去. 如何. 之梗槪也. 夷考其平生. 夷考上. 欲添
今以太史之所第錄. 鄉人之所覩記十四字. 平主下. 加則字. 如何. 學究性理. 行
隆孝友. 以窮養達施立志. 以致君澤民自期. 在休告乞歸養. 而益切箴警之忠.
告乞歸春四字. 改以退字. 如何. 典郡邑任方面. 而常遺去後之思. 典郡邑任方
面六字. 改以茝吏民. 如何. 至於文章詞命. 潤色皇猷. 則乃其緒餘. 而每以事親

日短. 不樂仕宦. 決科三十年. 在朝不滿三載. 之才之學. 未盡展布. 豈非邦國之
不幸. 士林之無祿. 而而字. 改以哉字. 如何. 惟其至行德懿. 可以模範後人. 遺
風餘韻. 足以聳動衰俗. 則其人雖亡. 而其功與澤之在斯世斯民者. 豈淺淺哉.
若其學文造詣之淺深. 則非臣等讃陋所可窺測. 而以一時儒臣定論質之. 之字
下. 加則故處士四字. 如何林薰之狀曰. 半世功力. 專在大學. 嘗所尊信愛玩者.
論語近思錄而已. 故相臣李廷龜之銘曰. 天敍五典. 孝源百行. 餘力學問. 覃思
賢聖. 旣本諸身. 乃徵於民. 則其學之切近而精. 實由孝而移忠. 亦略可見矣. 嗚
呼. 斯道之元氣乎國家也. 尙矣五賢臣旣歿之後. 有若盧禛之賢私淑諸人者. 出
爲世用. 而其所以啓迪彝敎. 務式士類者. 者字. 改以之功. 如何. 是以血食百
世. 則士子之建院院字. 改以廟字. 如何. 而俎豆之者. 豈止與鄕先生歿而可祭
於社者比. 而剏院院字. 改以廟字. 如何. 六十餘年. 賜額之典. 始請於今日者.
良以斯文斯文. 改以世或. 如何. 有衰旺之運. 時勢時勢. 改以事或. 如何. 有遲
速之宜. 而若有所等待也. 方今聖明在上. 文敎大闡. 凡在域內儒林之素願而未
獲者. 輿望之久鬱而未伸者. 無隱不彰. 無幽不達. 譬如黃鍾一動而百昌皆蘇.
百昌. 未詳. 改以羣蟄. 如何. 离日中天而萬物咸覩. 咸覩. 改以畢照. 如何. 則
可謂千載一時矣. 臣等區區衛道之誠. 雖極蔑劣. 而亦受天之畀. 爲鳶魚樂育之
中天下加地. 畀下加付. 鳶魚. 改以菁莪. 如何. 一物. 則豈無待文王而興之心
乎. 昔宋太宗頒書白鹿洞書院. 眞宗賜額應天府書院. 賜經書千卷於岳麓書院.
仁宗賜良田十頃於崇陽書院. 朱熹以乞賜書院失子諱. 雖疏章. 不敢直書. 以字
削去. 如何. 勅額及經註疏. 陳奏再三. 而經上加九字. 再三. 改以勤懇. 蓋再三
失實矣. 史臣書之曰. 儒先重則吾道重. 天札一頒. 吾道增氣. 書院之設. 非今斯
今. 而朝家之賜額頒書者. 其來亦舊矣. 本朝列聖. 皆取以爲法焉. 伏乞. 殿下特
垂裁察. 渙發恩典. 爰命有司. 宣賜扁額. 賁飾儒宮. 以新四方之瞻聆. 斯文幸
甚. 臣等幸甚. 臣等不勝瞻天懇祈激切屛營之至. 謹昧死以聞.

  批曰. 省疏具悉. 事當令該曹處之.

  顯宗朝庚子四月十八日. 賜以灃洲. 祭文在舊集

▲ 산청 신계서원

신안정사(新安精舍)

―

Ⅰ. 개설

① 소재지 : 경상남도 산청군 단성면 강루리 745-746번지

② 건립 연도 : 1538년(중종 33)

③ 사액 연도 : 미사액

④ 배향 인물 : 주희(朱熹), 우암(尤庵) 송시열(宋時烈)

⑤ 변천과 현황 : 1538년 중국 신안(新安)에 있는 주희(朱熹, 1130~1200)의 사당을 본받아 안동권씨(安東權氏)와 성주이씨(星州李氏)가 창건하였다. 2001년 2월 22일 경상남도 문화재자료 제291호로 지정되었다.

경내에 신안영당이 있는데, 중국 송(宋)나라 때의 유학자인 주희와 송시열의 영정이 봉안되어 있다. 1872년(고종 9)에 이 건물을 중수하였다. 이 영당 외에 부속 건물로 수정궁이 있다.

▲ 산청 신안정사

완계서원(浣溪書院)

—

Ⅰ. 개설

① 소재지 : 경상남도 산청군 신등면 단계리 두곡마을

② 건립 연도 : 1788년(정조 12)

③ 사액 연도 : 미사액

④ 배향 인물 : 동계(東溪) 권도(權濤), 동산(東山) 권극량(權克亮)

⑤ 변천 및 현황 : 이 서원은 1788년 지방 유림들의 공의로 권도의 학문과 덕행을 추모하기 위해 동계정사(東溪精舍)의 옛 터에 창건하였다. 이 서원이 건립되기 이전에는 권도의 위패가 도천서원(道川書院)에 봉안되어 있었으나, 1700년(숙종 26) 두릉서원(杜陵書院)을 건립하여 권도를 따로 배향하였다. 1719년(숙종 45) 1714년 이전에 건립된 서원들에 대한 훼철령이 내려져 두릉서원이 철거되면서, 권도의 위패는 다시 도천서원으로 이안되었다. 그러나 도천서원이 1787년(정조 11) 문익점을 위한 사액서원이 되면서 권도의 위패는 다른 곳으로 옮겨야만 했다. 그리하여 권도

의 위패는 그의 별묘가 있던 동악(東嶽)으로 이안되었는데, 유림들의 상소로 이 동악에 완계서원을 건립하게 된 것이다. 그 뒤 권도의 조카인 권극량을 추가 배향하였다.

당시의 건물로는 묘우, 신문(神門), 정당(正堂), 문루(門樓), 고사(庫舍) 등이 있었지만, 1868년 흥선대원군의 서원 철폐령에 의해 훼철되었다. 그 뒤 복원 사업을 통해 사우와 정당·담장·단청·묘문을 정비하게 되었다. 현재 이 서원엔 사우인 경덕사(景德祠), 대문인 정면 3칸의 직방문(直方門), 정면 5칸·측면 3칸 규모의 강당인 정당, 그리고 정면 3칸인 동재가 있다. 강당 가운데 칸에 '완계서원'이라는 현판이 걸려 있다.

II. 서원 관련 자료

『東溪先生年譜』, 卷三, 「諡狀[金履陽]」

公諱濤字靜甫 安東之權 顯自麗太師幸 世赫大官 逮本朝 益蕃而大 代有偉人 參奉諱時準 別坐諱運 於公爲曾大父大父 考諱世春 司圃署別坐贈承旨 妣商山 金氏 湜之女也 萬曆乙亥 生公于丹城縣之丹溪 十歲已有聰慧名 柳西厓之爲觀察也 造其門與之論漢書 歎曰若吾師也 壬辰春 勸大人挈眷入黃山深處 衆笑之 及倭冠大搶 始驚服焉 承旨公從郭忘憂起義 遘癘以終 旣殯有勉以避者 公不爲聞 執喪禮愈嚴 葬而後始轉寓湖西 避賊鋒也 亂平還于丹 庚戌擧進士 癸丑擢第 見『光海君日記』政日亂 有欲爲之汲者 謝還鄕 終已不顧 旣又丁母憂 廬墓三年 制闋例付成均學諭不赴 時鄭仁弘用事 公嘗一見於德川書院 歸語人曰人也烹魚目 他日誤着生者必此人也 及其勢燗灼一世 猶目之以伽倻老賊 不名 人皆危之 不少撓 丹士之不濡染 蓋公之力也 仁祖反正 除承政院注書 薦入史局爲翰林 甲子适叛 扈駕公山 旣還都 陞典籍 轉監察兵曹佐郎 尋拜正言 翌年登瀛選 自是 歷敭三司 爲輔德爲舍人爲掌樂 司僕 宗簿正 兼知製敎 丁卯之訌 爲慶尙右道督

運御史 爲郎於嘉禮都監 陞通政階 前後十餘年之間 除職者屢 而有赴有不赴 既
赴未嘗不盡職論思 既遞職 亦未嘗淹也 其在正言 言於上曰私廟親祭 預出宮齋
宿 與祭宗廟無所降殺 非所以嚴擧動防私昵 又言啓運宮出入禁中時 禮部定以
承旨一員陪後 實無前變禮 禮堂合施警責 又言金公諒在先朝末年 多恣橫之罪
請函寢授貲 上不得已寢之 明日命復授 公又啓曰今日從臺言 明日復授之 政令
之無恒 待下之不誠 其弊不可勝言 修撰時諸勳臣疑仁城君珙有希冀心 用譏察
爲務 公痛言國家之有譏察 非國家之福 譏察不止則國家不可保 司諫時論樂安
守林慶業茝事 辭連體相金瑬 瑬呈告待罪 上以待大臣不宜如是 謫補興陽縣
監 居四朔以司諫召還 一境攀轅號泣 立石以思之 仁祖辛未 將追崇元廟 命依成
廟故事議諡 公以執義啓言事非得中 上以人子所不忍爲諭之 公又啓言諡者子不
得以私其父 臣不得以私其君 名之以幽厲 不孝之譏不及於宣平 追崇之君 不幸
而未及臨御矣 未及發政矣 德盛業茂 無跡可尋 不得於言而强意鑿虛 無亦有欠
於誠實之道乎 上怒甚 禍將不測 大臣臺諫交章救解 竟配海南縣 於是直聲動朝
野 公卿大夫皆出餞于江上 歎息咨嗟不休 在謫也 諷人士重建林石川祠而享之
簡秀士課勸不怠 海人至今師視公 越三載 因雹異 趙浦渚翼上書 言直臣被譴 久
未蒙宥 灾之召也 上命宥之 自是益無意當世 設齋舍進鄕秀 倣程叔子月課法敎
之 丹之多文學士 亦公之賜也 丙子冬 聞南漢被圍 星夜馳至鳥嶺 路梗不得前
從觀察使沈演 參贊規畫 及雙嶺軍敗 涕泣曉諭 收拾創殘 爲赴援計 聞虜圍撤乃
止 丁丑二月 奔問至京師 尋以賑救御史 奉命南下 既復命 以執義參書講 知事
李貴引朱子引君爲黨語有失對 公退而陳箚累百言 略曰吾朱子橫說竪說 皆可爲
萬世法 而殿下遽疑其不能無病 不幸近於侮其言 試取與留正書四通 反復溫繹
則立言之旨 庶幾昭晰矣 己卯拜承旨 庚辰拜兵曹戶曹參議 尋又拜大司諫 論吏
曹判書李貴 擧劾臺官之失 則曰該曹權柄 無亦太重 論會盟勳臣官資之濫 則請
並改正 別施恩賜 士論多之 公以年及休退 大歸田里 甲申八月二十七日卒 享年
七十 葬于水淸洞負辛之原 配晉州柳氏 贈參判沃之女 男克重進士 次克轂 側室
三男三女 曰克純 克允 克紳 壻金基俊 李之發 李璞 孫以下不錄 公之歿 以再

參振武靖社原從勳贈大冢宰 旣又合享於道川書院 後因事體非宜 疏請別享於浣
溪書院 崇報之典 蓋備矣 獨節惠未加焉 今年春 因多士籲 禮部覆奏 上可之 公
之七世孫正錘自丹城抱遺書至 以狀屬不佞 嗟乎 不佞生晚人也 惡乎足以知公
之萬一者 第竊覬公立朝言議章奏之著焉者 其義正而密 其辭簡而確 榮辱不以
介 威武莫之懾 夫豈無所受無所養而然哉 蓋其平生師友 不越乎鄭寒岡 張旅軒
之門 故知及仁守 咸有源本 倉卒艱虞 率履規墨 醇醇有儒者塗轍 而觀於炳幾先
見 早歲自立 已卓然有得於天者 故臨事明辨 靡不當理 當世之名卿碩儒翕然以
篤學好善歸詡之 吾先祖水北公 亦嘗與之友善 其出興陽時 贐以詩章 稱之以秋
天一鶚 今去百餘年之後 至意炯炯於紙筆之外 然則不佞之於是狀 終有不敢辭
者 遂忘僭踰 譔次事行 爲太常氏諗焉 輔國崇祿大夫 行知中樞府事兼吏曹判書
世子左賓客金履陽撰

『東溪先生文集』,「東溪權先生文集序[鄭宗魯]」

大凡君子之學與道 第觀其淵源之的與出處之正 則其能深造而實有得 斯可以
知其略矣 又況加之以天資之美 經術之博 而尋常秉義而立直道而行者 無所往
而不光明峻偉 則其爲後學之所崇奉 寧有其極也哉 東溪權先生 早被薰陶於寒
旅之門 又嘗擢用於純孝王朝 講磨切磋之際 卷舒行藏之間 其爲一代名勝之推
獎與許 有不可勝紀 而試擧其表表見於行事者 則方年甫十八 已知有島夷之難
於無事之時 預爲深入而得全其家者 固是大過人之智 然此則當時之人 亦或有
能之者矣 乃若於仁弘秉權之日 彼其名望震世 氣焰薰天 人莫敢少加貶議 而先
生一見其眸子 便已知心術之凶 動輒以伽倻老賊斥之 則是其辨奸之早 殆與蘇
明允無異 此則當時之人 夫孰有先之者哉 及其遭亂而遇親喪也 雖在干戈搶攘
之中 凡厥送終之節 皆得必誠必信而勿之有悔 卽又奉母奔竄 着處危迫 而守制
致養 靡不用極 至令人感歎而悅服 則此其至孝純行 已不啻出尋常萬萬 因值昏
朝斁倫之時 杜門却掃 無復當世之念 及其策名昌辰 範驅亨街 出入經綸 略展所
蘊 則上之有以拾遺補闕 繩愆糾謬 不顧攖鱗之禍 而惟務引君於道 下之有以彈

權折賕 蘇民作士 不以枳時之故而惟思保邦之策者 其精忠赤誠 又不啻出尋常

萬萬 而其中如獨疏抗言 駁議典禮之失 以爲盛德茂業 無跡可尋者 其勁氣正論

尤爲卓犖而奇偉 直與夏侯勝並美於千載 而世至以秋天一鶚稱之者也 自丁丑下

城之後 先生雖黽勉從仕 聊以伸盡職所事之義 而常懷風泉之感 無日不歎咤于

中 及見淸人有助兵運饋之語 慨然寄金東溟詩曰 存亡遺澤在東藩 忍把干戈答

聖恩 白首重來羞滿面 不如歸去閉柴門 卽決意還鄕 盖先生素勵易退之志 雖在

平時 每當遞職 未嘗暫滯 及是尤有所不竢終日者 於是而君臣之大義 天地之常

經 益炳然於行藏之間 不必蹈東海隱西山然後方有以知其心也 則其所樹立於前

後者 果如何哉 夫以先生金玉之質 其於聖賢之學與道 沈潛有素 根基已厚 則蘊

之爲德行 發之爲事業者 何遽止於是而已 而顧以時命之不遇 卒未克大展布於

世也 不免卷懷而終 此爲後學不盡之感 然遺芬剩馥 歷百載猶未沬 往在先朝戊

申 多士之景慕者 相率叫閣 而俎豆於先生讀書之杜陵舊齋 號曰浣溪書院 以爲

永世矜式之地 斯固秉彝之所不能自已者也 惟是先生所著詩文 中經斅攸之災

並與家訓而無傳 今只有若干卷 將行于世 而其詞氣淸醇 一出於正 流傳來後 又

將興起人無窮 其關世敎亦大矣 雖少何傷焉 先生之孫㮒 奉遺集示余求一言 辭

不獲 遂書此以弁其卷云 晉陽鄭宗魯撰

▲ 산청 완계서원

▲ 산청 완계서원 사당

용산서당(龍山書堂)

—

I. 개설

① 소재지 : 경상남도 산청군 오부면 중촌리 889번지

② 건립 연도 : 미상

③ 사액 연도 : 미사액

④ 배향 인물 : 홍성해(洪成海), 홍대해(洪大海), 홍기범(洪箕範)

⑤ 변천과 현황 : 1800년대 중반에 건립된 서당으로 추측되며, 건너편 서재터에서 이건한 것으로 전한다. 임진왜란 때 의병을 일으켜 싸운 홍성해, 홍대해, 홍기범의 위패를 봉안하고 있다.

이 서당은 정면 4칸, 측면 2칸 1동으로서 옆에서 보면 팔작지붕의 건축물이다. 서쪽으로부터 방·대청 2칸·방으로 구성되어 있다. 비록 보존상태가 좋지 않고 동·서재가 없지만, 이 서당은 1800년대의 건축물의 특징을 잘 나타내고 있는 건축물로 평가되고 있다. 2001년 12월 20일 경상남도 문화재자료 제 304호로 지정되었다.

II. 서원 관련 자료

『性潭先生集』, 卷13, 「序, 龍山書堂稧帖改修序」

鄕塾之設古矣. 其所教學之道. 實倣庠序之制. 而近世以來. 窮閭之中. 能有
書社者甚稀. 若其一塾之閱百歲而不堙廢者則尤難. 世之老學究雖欲盡意於誨
督村秀而亦不得焉. 宜乎蚩俗之不振而益貿貿也. 余老且病. 久廢講書. 而尋常
慨歎於斯矣. 一日永山之若而儒員. 委書以示其龍山書堂事實顚末. 吁其盛哉.
其言曰堂之建. 始在於龜巖. 而當時一境之士. 修稧以圖其永久講肄. 尤菴先生
姓諱亦在稧帖中. 其爲吾黨之瞻依而興起焉者. 奚翅如院宇之虔奉也. 顧莫知其
移設之的在何歲. 而至於稧案之久. 殆數百載. 紙爛而墨渝. 莫重遺蹟. 將就泯
滅矣. 玆不得不改修. 而亦不可以無所識. 則子盍爲一言以叙之也. 噫. 有是哉.
舊蹟之班班也. 昔我尤翁考槃于黃溪之寒泉. 地之相距爲數十里約. 其德化所
及. 必不但杖屨之歷憩而已. 矧伊修稧一事. 有足以永諭百世也. 然則是塾之爲
重地者. 固有迥別於他矣. 今其改修. 不亦善乎. 堂中諸儒苟能襲滕馥而把遺韻.
日從事於講劘經史. 不徒爲學究之業. 而時復折旋於泉院樽俎之間. 以興動黃永
之人士. 則庶不負昔人設塾之美意也. 凡爲稧員之後承者. 尤豈不相勉勵哉. 余
嘗屢入寒泉. 而一未取路楓川歷登斯堂. 以尋遺躅矣. 暮年如今. 豈勝歎恨. 謹
書此數行. 以寓興感之意云爾. 崇禎後三丙辰孟夏. 德殷宋煥箕序.

『芝村先生文集』, 卷19, 「記, 靑龍山書堂記」

關東號多山水. 而平康僻在一隅. 又近北嶺. 故其地荒莽. 有朔漠氣. 余旣來
見. 邑居尤甚. 又未聞有一水一石之見稱者. 意念常欝欝不樂. 今年暮春之晦.
偶以賑事. 往北倉. 倉盖在縣北八十里. 道間亦絕. 無開眼處. 未到倉十里所. 穿
過一小峽. 見其山勢甚偉. 石色頗白. 周回數十里. 下有小澗. 出林薄間. 泠泠有
響. 意其中必有佳處. 問山名云何. 則從者對曰靑龍山也. 余又問有寺否. 又對
曰昔有所謂靑龍庵者. 今已廢圮. 僧輩方更創新寺云. 余卽緣溪入洞. 攀緣石棧

以至寺. 寺盖新營未完矣. 僧數人出拜. 仍自稱小金剛寺. 前有千仞絕壁. 壁上
立一株老檜. 盖觀峯巒峭削. 氣像孤峻. 僧言雖少夸. 要之亦名山也. 僧輩又言
此山西麓外. 有一瀑布. 名靑龍. 亦可觀云. 余卽肩輿行五里. 至所謂瀑布. 則其
長甚高. 而噴薄之勢甚壯. 飛沫幾上數十丈. 常若有烟霞出其上. 瀑傍多怪石.
而蜿蜒如臥龍. 下卽潭水深黑. 疑有物伏焉. 每遇旱禱雨輒驗云. 余據石俯視.
凜然可畏. 仍口自語而曰. 有如此名勝. 而湮沒不稱. 何也. 豈所謂顯晦有數者
歟. 歸路踰一小嶺. 過箕山纔七八里. 忽又見有六七 石峯. 層見削出於雲外者.
望如羣仙列立. 峯頂又皆平廣方正. 若床堂焉. 其下有淸川一道自東而來. 或淺
而爲灘. 或激而爲瀑. 或瀅而爲潭. 諸勝畢具. 山勢四面環抱若拱揖然. 其中有
田數百畝. 足容民居三五家. 余下馬臨水而坐. 問隨行鄕老則曰. 此名卽三淸臺.
亦靑龍一支南走而爲此山也. 余又見田傍有數間屋子基址. 且有石礎數介橫臥
者. 怪而問之. 則又對曰. 此盖吳相國楸灘公爲太守時. 立書堂敎士處也. 余不
覺驚異. 仍叩其詳. 則盖聞楸灘公萬曆乙卯年間. 莅此邑. 得此洞. 仍立書堂. 使
鄕人權好德 爲訓長. 敎授學徒焉. 未幾公去而堂遂廢. 好德卽楊蓬萊婿. 而其子
姓多在邑中云. 余於此. 卽幸其得之於偶然. 而又喜其淸絕幽敻. 非車塵馬跡之
所能到也. 徘徊顧眄. 樂而不去. 仍竊惟念. 昔我晦庵先生之知南康也. 得臥龍
庵舊址於廬山之陽. 旣縛屋數椽. 而又因名潭之義. 畫諸葛武侯像. 置於堂中.
因復作亭潭上. 爲吏民禱賽地. 又得唐處士李渤講學之所. 作白鹿洞書院. 敎弟
子其中. 建三賢五君子祠. 以風勵學者. 今此邑名幸得康字. 而庵與瀑亦皆以龍
名. 至於三淸事. 則實與白鹿彷彿. 而得於行田勞農之 時者. 尤恰恰相似. 其事
甚奇. 有不可以泯泯者. 余乃捐俸出力. 屬山人釋秋. 助成其庵. 又作亭二間於
瀑布之上. 皆揭以臥龍之號. 時適有邑民七八輩. 請建書堂而讀書者. 余令就此
立之. 凡閱三月而功皆訖焉. 盖將畫置武侯像於亭中. 一如廬山. 而又立大小二
祠於書堂之後. 大者. 祠晦庵先生. 以致後學高山景行之思. 小者. 祠楸灘相公.
以脩邑人崇德報功之典. 凡此無非所以摸倣先生南康之遺矩者. 噫. 以余之蒙愚
無狀. 而妄效及此. 固知僭踰無所逃罪. 且使世俗聞之. 未必不以爲譏且笑也.

然余之意. 亦不但 以誇壯觀餙游聲而已也. 盖欲有以因名求實. 務以修明先生
之政敎. 使凡一境之士. 聞風興起. 有所嚮望而勉厲焉耳. 苟能因此而變荒莽之
邦. 作鄒魯之鄕. 則今日此擧也. 未必無補於聖朝治化之萬一. 而於先生之道.
亦不爲無光矣. 嗚呼. 是豈可與俗人論哉. 後之觀者. 其或有以識余之意也.

우계당(愚溪堂)

—

Ⅰ. 개설

① 소재지 : 경남 산청군 차황면 부리 538번지

② 건립 연도 : 1562년(명종 28)

③ 사액 연도 : 미사액

④ 배향 인물 : 미상

⑤ 변천과 현황 : 1562년(명종 28) 효염(孝廉)이 효염정사(孝廉精舍)를 건립하고, 이어서 유림들이 우계서원·우계당·양심재를 건립하였는데, 서원철폐령 때 모두 소실되고, 지금의 건물은 1931년에 중건한 것이다. 1991년 12월 24일 경상남도 문화재자료 제244호로 지정되었다.

정면 6칸, 측면 3칸의 5량 구조로 된 팔작지붕 집이다. 기단이 높아 전면 툇마루에 계자난간이 둘러져 있는 누각과 같은 누마루 형태이며, 방 2칸, 대청 2칸, 방 2칸으로 구성되어 있다.

II. 서원 관련 자료

『柏谷先祖文集』, 冊七, 「儷文, 醉默堂上樑文」

兒郎偉. 歸來臥故丘. 收一身於城市. 突兀見此屋. 建數椽於山厓. 是容膝之
易安. 實藏蹤之得所. 主人早事黃卷. 濫厠靑衿. 咀嚼莊馬班韓歐蘇. 餘三十載.
綴緝誌傳說解記序. 殆數千篇. 出遊翰墨之場. 偸得聲名於世. 獨鼓齊門之瑟.
所尙不同. 誰和郢客之歌. 知音未遇. 郤詵之丹桂雖折. 范叔之靑雲難期. 乾沒
風塵. 自憐身世之冷落. 放浪湖海. 那堪生計之蕭條. 洛社壞墻. 集百憂於天雨.
柏墅空壁. 無一粒而腹雷. 東峽移居. 西疇有事. 縱營糊口之業. 奈無庇身之家.
相香山之勝區. 接磑嶺之故里. 於是鳩以土木. 役其僕夫. 方搆三間之棟梁. 可
專一壑之風月. 倘重簾之朝捲. 如八窓之畫開. 湖山隔座而呈姿. 煙霞入室而動
色. 必令行客. 指琱甍之縹緲. 應使隣翁. 驚曲檻之崢嶸. 斜簷影落於波心. 高棟
光閃於江口. 聊托興於堂宇. 擬畢命於松楸. 據梧狂懽. 不念得喪於心上. 憑軒
高詠. 可忘是非於閑中. 喜雨亭成. 蘇子寧避作記. 愚溪堂築. 柳侯亦有爲文. 嘉
頌斯揚. 脩梁乃擧. 兒郎偉抛梁東. 崒嵂群峯襯碧穹. 紅旭初生昇絶頂. 瑞光來
照此堂中. 抛梁西. 杳杳崦嵫落日低. 羲氏莫催歸海底. 只愁頭白齒牙鯢. 抛梁
南. 列岳嵯峨天共參. 每看朝朝濃瑞氣. 古今奚啻翠如藍. 抛梁北. 日夜江波鳴
不息. 袞袞奔流如有意. 五雲堆裏朝王國. 抛梁上. 天色蒼蒼高且廣. 舞蹈放歌
樂不窮. 此時可謂太平像. 抛梁下. 可放平郊千陣馬. 孩市聚人如蜀麻. 吾知趨
利熙熙者. 伏願上梁之後. 桑田不變. 槐里長春. 玉斝金樽. 常痛飮於珍簞. 蒼顔
白髮. 獨朗詠於華堂.

『柏谷先祖文集』, 冊七, 「儷文. 醉默堂上樑文」

周馬之蹄不到而仙區自遠. 秦童之眼不及而異境難尋. 蘇子之西湖莫論. 杜老
之閬山非敵. 佳麗咸稱於此地. 形勝獨擅於吾州. 矧松楸下麓之東. 當江漢上游
之右. 丹厓翠壁. 若非鸞翔鳳翥之山. 極浦長洲. 無乃鯤化鵬擊之海. 草密林茂.

何有肉眼之窺. 鬼守天慳. 不借塵蹤之踏. 論其名勝. 自濟國羅代而事傳. 按其隩區. 接蕊城槐邑而相錯. 瞻望敞豁. 卜築經營. 鏟刈樹木. 佳氣乃呈. 伐去荊榛. 奇狀迭出. 閱千世而等視. 與數人而同謀. 于時召匠計材. 聚徒起土. 登登築馮馮削. 嗿嗿正喊喊冥. 僕夫有趨役之爭. 般倕告訖功之速. 如羣如蚕之形勢. 奐焉輪焉. 弗侈弗儉之規模. 寬也明也. 琱甍光侵於波面. 游魚必驚. 疏簾影落於潭心. 眠鷗宜駭. 斜簷與白雲廻. 飛棟共碧山齊. 風月隨人. 誰道一身之無伴. 煙霞入座. 自覺萬念之成灰. 寄一生於雲林. 畢百年於江海. 憑軒嘯詠. 據梧狂懽. 主人黃卷書生. 白首漁老. 名已藏於象外. 跡亦孤於人間. 狀如蔡澤之噤吟. 自憐窮屈. 醉若李白之跌宕. 世笑嶔崎. 縱扳丹桂之枝. 難作靑雲之士. 騎驢十載. 只學孟浩然之尋詩. 佩印一朝. 敢追蘇季子之遇主. 峨峠久閱於琴上. 光陰易邁於頭邊. 抱膝傷心. 拊身弔影. 風高雁背. 蕭蕭落木之秋聲. 日掛山頭. 蒼蒼平楚之暝色. 月岳崔崒. 揷釖戟於層空. 龍湫喧豗. 殷雷霆於翠峽. 拓南窓而寄傲. 望北辰而長吁. 重念才非握蛇. 夢未呑鳳. 身雖大困. 豈無榮達之時. 心亦何悲. 素有盈虛之數. 長占煙波則樂漁樵於分內. 獨棲林壑則送日月於閑中. 適當茲辰. 緬思往哲愚溪堂築. 柳公爲文. 醉翁亭成. 歐陽作記. 雙樑旣擧. 乃推大壯之功. 六偉俱陳. 粗演斯干之義. 抛梁東. 千仞蒼巖曉色中. 騰翥金鴉於天半上. 彩雲堆裏日輪紅. 抛梁西. 徧倚欄頭望欲迷. 落日沈江天色暝. 啾啾衆鳥一時棲. 抛梁南. 一帶澄江物象涵. 作隊群魚波面躍. 昭昭至理自能探. 抛梁北. 碧嶺嵯峨近斗極. 遙望祥雲五色開. 劍樣尖峯三四角. 抛梁上. 廣大靑天日月朗. 醉後高歌樂不窮. 茲遊應得百年享. 抛梁下. 江畔長程通大野. 朝暮東南冉冉人. 吾知摠是經營者. 伏願上梁之後. 災殃息滅. 榮慶荐臻. 美酒盈樽. 對湖山而長酌. 佳賓滿座. 干氣衆而高吟. 鄕粉長春. 滄桑不變.

▲산청 우계당

청곡서원(淸谷書院)

—

Ⅰ. 개설

① 소재지 : 경상남도 산청군 신안면 청현리

② 건립 연도 : 1702년(숙종 28)

③ 사액 연도 : 미사액

④ 배향 인물 : 일신당(日新堂) 이천경(李天慶), 양촌(陽村) 유지원(柳之遠)

⑤ 변천 및 현황 : 이 서원은 1702년 이천경을 배향하기 위해 그의 유지(遺址)에 유림들의 공의로 건립되었다. 1796년(정조 20)에는 유지원을 추가 배향하였지만, 1868년 흥선대원군의 서원철폐령에 의해 훼철되었다가, 1924년 사당을 세워 신주를 봉안하고 서원을 복원하였다.

현재 이 서원은 사당, 내삼문, 강당, 대문채, 협문으로 구성되어 있다. 사당은 백원사(百源祠)이며, 솟을삼문인 내삼문의 각 문엔 태극무늬가 그려져 있다. 강당은 정면 4칸으로서 방-대청(2칸)-방 순서로 이루어져

있고 앞 툇마루가 있다. 대문채는 경덕문(景德門)이다. 서원 내에 일신재
가 있다.

▲ 산청 청곡서원

평천서원(平川書院)

—

Ⅰ. 개설

① 소재지 : 경상남도 산청군 생초면 평촌리

② 건립 연도 : 1788년(정조 12)

③ 사액 연도 : 미사액

④ 배향 인물 : 배신침(裵愼沈), 심원재(心遠齋) 배세겸(裵世謙), 배현경(裵玄慶), 효렴재(孝廉齋) 이경주(李擎柱)

⑤ 변천 및 현황 : 배신침과 배세겸을 배향하기 위해 1788년 유림들의 공의로 건립되었다. 1819년(순조 19)에 경주배씨의 중시조인 배현경과 1836년에 이경주를 추가 배향하였다. 1868년 흥선대원군의 서원철폐령 때 훼철되어 평천사(平川祠)로 불리다가, 본 서원 일대가 1990년대에 대전 —통영 고속도로에 편입되어 배신침의 묘가 있는 생지봉으로 이건하고, 평천서원으로 복원되었다.

현재 이 서원 안에는 정면 5칸 규모인 평천서원, 정면 3칸 규모인 숭덕사(崇德祠)와 충혜사(忠惠祠), 그리고 '평천서원묘정비(平川書院廟庭碑)'가 있다. 대문은 숭의문(崇義門)이다. 서원 밖에는 '의금부도사심원재배선생유적비(義禁府都事心遠齋裵先生遺績碑)'가 세워져 있다.

▲ 산청 평천서원

효산서원(孝山書院)

I. 개설

① 소재지 : 경상남도 산청군 차황면 철수리

② 건립 연도 : 1991년

③ 사액 연도 : 미사액

④ 배향 인물 : 김자수(金自粹), 김영유(金永濡), 김상례(金商禮)

⑤ 변천 및 현황 : 경주김씨 김자수·김영유·김상례를 배향하기 위해 1991년 후손들이 창건하였다. 이 서원은 현재 경모사(景慕祠) 3칸, 효산서원 4칸, 상덕문(尙德門) 3칸, 봉월루(蓬月樓) 3칸, 삼묵재(三黙齋) 4칸, 내성문(內省門) 3칸, 춘강정사(春岡精舍) 4칸, 복원문(復元門) 3칸 등 목조와가 9동으로 이루어져 있다. 그리고 '삼묵재경주김씨유적비(三黙齋慶州金氏遺跡碑)'와 사적비가 있다.

▲ 산청 효산서원

제5부

하동 · 진주

가호서원(佳湖書院)

―

Ⅰ. 개설

① 소재지 : 경상남도 진주시 이반성면 용암리 117

② 건립 연도 : 1970년

③ 사액 연도 : 미사액

④ 배향 인물 : 농포(農圃) 정문부(鄭文孚)

⑤ 변천 및 현황 : 이 서원은 해주정씨 문중이 소유 관리하고 있는 충의사(忠毅祠) 사역 내에 있다. 경상남도 문화재자료 제 61호(1983년 7월 20일 지정)인 충의사는 1970년 임진왜란 때의 의병장인 충의공 정문부 장군을 제향하기 위해 세운 사당으로 남강댐 공사로 인해 1995년 귀곡동 255번지에서 현재 장소로 이건하였다. 사우 건물인 충의사는 정면 3칸·측면 2칸 규모이며 맞배지붕 형태이다.

가호서원은 정면 다섯 칸·측면 2칸 규모의 강당 건물이다. 그리고 전면에 퇴를 둔 전퇴집이다. 가운데 칸에 '가호서원'이라는 현판이 걸려 있으며, 강당 실(室)은 오른쪽부터 방–방–대청–방–방으로 배열되어 있다. 출입문과는 직각을 이루며 서 있고, 충의사 영역에서는 중문을 통해 진입해야 정면이 보인다.

▲진주 가호서원

▲ 진주 가호서원 사당 충의사

—

광제서원(廣濟書院)

—

Ⅰ. 개설

① 소재지 : 경남 진주시 명석면 계원리 543번지

② 건립 연도 : 1717년

③ 사액 연도 : 미사액

④ 배향 인물 : 홍의(洪毅), 홍관(洪灌)

⑤ 변천과 현황 : 처음 세워질 당시에는 선현을 모시고 제사를 지내는 기능만 담당하던 홍복사(洪福祠)였다가, 1747년(영조 23) 홍지암(洪池庵)으로 이름을 바꿨다. 홍지암 상량문 기록에 따르면 1891년(고종 28) 중수하면서 모원재(慕遠齋)로 또 한번 이름을 바꿨다. 1957년 영남 유림에서 '광제서원'으로 격상시켜 매년 음력 3월 10일 제사를 지내고 있다. 1995년 5월 2일 경상남도 문화재자료 제223호로 지정되었다.

경내에는 6동의 건물이 있는데, 건물 6동 모두가 각각 특색 있는 건축물로 원형이 잘 보존되어 있다. 광제서원은 정면 5칸, 선현의 위패를 모신 곳인 경충사는 정면 3칸·측면 1칸 규모의 건물이다. 지붕은 옆면에서 볼 때 사람 인(人)자 모양인 맞배지붕이다. 강당은 교육이나 유림의 회합 장소로 쓰이던 건물이며, 가운데에 마루를 구성하고 양 옆으로 온돌방을 배치하였다. 현재 남양 홍씨 문중에서 재실로 사용하고 있다.

▲ 진주 광제서원

▲진주 광제서원 사당

—

금남사(錦南祠)

—

I. 개설

① 소재지 : 경상남도 하동군 청암면 평촌리 산107-1번지

② 건립 연도 : 1628년(인조 6)

③ 사액 연도 : 미사액

④ 배향 인물 : 목은(牧隱) 이색(李穡), 양촌(陽村) 권근(權近), 수은(樹隱) 김충한(金沖漢)

⑤ 변천과 현황 : 이 사당은 원래 1628년 이 지방 유림들이 뜻을 모아 경남 하동군 청암면 중이리 검남산 아래에 건립하였으나, 하동·사천지구 농업용수 개발 사업을 위한 하동댐 건설로 인해 이 지역이 수몰되면서 1988년 11월 20일 지금의 장소로 옮겨졌다. 1985년 11월 14일 경상남도 문화재자료 제134호로 지정되었다. 경주김씨 문중에서 소유·관리하고 있다.

▲ 하동 금남사

남악서원(南岳書院)

―

Ⅰ. 개설

① 소재지 : 경남 진주시 금곡면 죽곡리 817-1번지

② 건립 연도 : 1922년

③ 사액 연도 : 미사액

④ 배향 인물 : 김유신(金庾信), 최치원, 설총(薛聰)

⑤ 변천과 현황 : 신라의 김유신이 꿈속에 나타난 신령에게 삼국통일의 위업을 이루기 위한 가르침을 받았다고 전해지는 곳이다. 1922년 지방 유림들이 창건하였으며, 경주에 있는 '서악서원(西岳書院)'을 본 따 '남악서원'이라고 이름 지은 것으로 전한다. 사당에는 김유신과 최치원의 영정, 홍유후(弘儒候)와 문창후(文昌候)의 위패를 봉안하고 있다. 1983년 7월 20일 경상남도 문화재자료 제12호로 지정되었다.

경내에는 사당, 서원, 솟을대문이 남북의 축 위에 배치되어 있고, 서원 좌우에는 재(齋)가 마주보고 있다. 서원은 정면 4칸, 측면 2칸의 5량 구조

팔작지붕이고, 대청이 없이 툇마루를 확장시켜 대청의 역할을 하도록 하였다. 재는 각각 정면 4칸, 측면 2칸으로 되어 있다. 서원 뒤에는 사당이 있는데, 정면 3칸, 측면 1칸의 3량 구조 팔작지붕이다.

II. 서원 관련 자료

『孤雲集編輯序』「祠院」

祠院. 慶州西岳書院, 泰仁武城書院, 晉州南岳書院, 陜川學士堂, 影堂大邱桂林祠, 影堂咸陽柏淵祠, 河東影堂, 昌原影堂, 瑞山富城祠, 影堂韓山道忠祠, 淸道影堂, 蔚珍影堂, 永平影堂, 抱川影堂.

▲ 진주 남악서원

▲ 진주 남악서원

대각서원(大覺書院)

―

Ⅰ. 개설

① 소재지 : 경남 진주시 수곡면 사곡리 518번지

② 건립 연도 : 1610년(광해군 2)

③ 사액 연도 : 미사액

④ 배향 인물 : 각재 하항(河沆), 무송(撫松) 손천우(孫天佑), 영무성재
(寧無成齋) 하응도(河應圖), 백암(白巖) 김대명(金大鳴), 모촌(茅村) 이정(李
瀞), 조계(潮溪) 류종지(柳宗智), 송정(松亭) 하수일(河受一)

⑤ 변천과 현황 : 조선 중기의 유학자인 하항을 추모하기 위해 1610년
'대각사(大覺祠)'를 세웠다. 이후 손천우, 하응도, 김대명, 이정, 류종지, 하
수일 등의 학문과 덕행을 추모하기 위해 위패를 모시고 매년 음력 3월,
9월 중정일에 제사를 지내고 있다. 서원철폐령 때 훼철되었다가, 1918년
복원하여 오늘에 이른다. 2004년 3월 18일 경상남도 문화재자료 제344호
로 지정되었다.

건물의 배치는 대문채와 서원을 직선으로 배치하고 그 사이에 동재·서재를 두고 있는 口자형이다. 서원은 정면 5칸, 측면 2칸의 규모이고, 동재는 정면 3칸, 측면 2칸이다. 서재는 동재와 규모나 방의 구성은 같으나 마루를 꾸민 형식에서 차이를 보이고 있으며, 대문채는 정면 5칸, 측면 1칸이다.

II. 서원 관련 자료

『覺齋集』, 卷下, 「覺齋先生文集附錄, 大覺書院上樑文」

河受一

地未墜天未喪. 奄有大者小者之識者. 翬斯飛鳥斯革. 聿見奐焉輪焉之美焉. 斯文有光. 吾黨增氣. 恭惟先師. 奮起西晉. 師事南冥. 早聞三字符工程. 一心雷龍之負笈. 晚服百勿旗謨訓. 十年山天之摳衣. 且夫心經之書. 曁乎近思之錄. 雨化面命. 日就躬行. 距楊墨能言. 尙爲聖人之徒也. 取師友力行. 豈非君子之儒乎. 已見大義之攸存. 不爲佗他岐之所惑. 淸修苦節. 髣髴古人之遺風. 善行嘉言. 庶幾後學之高範. 功有大於名敎. 感宜永於羹墻. 肆因覺峯之舊居. 乃築祠宇之新搆. 斧彼鉅彼. 工殫巧而獻圖. 經之營之. 士釋經而敦事. 喬木尙在. 風增色於當時. 松栝有梴. 燕雀爭賀於今日. 擧千古欠典. 嚴嚴州之祠堂. 睹一時盛儀. 同同安之廟舍. 籩豆旣有其所. 香火固無其窮. 出戶周旋. 宛承謦欬之響. 入門對越. 怳瞻陟降之容. 玆陳六偉之辭. 用助雙虹之擧. 樑之東. 赫赫扶桑曉日紅. 洞照乾坤開萬象. 始知先覺啓群蒙. 樑之西. 蒼蒼方丈與雲齊. 淸泠自是通神氣. 次第分明高與低. 樑之南. 臥龍千古鎖雲嵐. 至今想像中山事. 誰復慇懃顧草庵. 樑之北. 一氣蜿蟺通小白. 中間交絡川流多. 萬古蒼蒼齊峻極. 樑之上. 左右洋洋覺颯爽. 滿酌黃流飄鬱金. 齊明盛服倍悽愴. 樑之下. 衣冠濟濟滿堂舍. 千年不絶誦弦聲. 來者無窮繼往者. 伏願上樑之後. 丈風大振. 儒道不興.

希聖希賢. 藹多士之長育. 采蘋采藻. 永百世之煮蒿.

『謙齋先生別集』, 「師友門徒錄」

河松亭

名受一. 字太易. 覺齋先生之從姪也. 覺齋師事南冥. 爲世名儒. 公早得傳家
之業. 以古文鳴. 登明經科. 官至都事. 先生於辛亥歲. 就授論語. 仍讀伊洛淵源
錄. 每質疑. 公必稱善學. 以鳴道起衰許之. 壬子正月卒. 先生爲之服師之服.
○後享大覺書院.

『松亭先生文集』, 卷4, 「序, 大覺書院奉安序」

覺齋先生旣歿之十六年. 門人弟子追慕先生. 議欲立俎豆之所. 謀及一鄉. 一
鄉皆善之. 謀及隣邑. 隣邑亦義之. 遂改築先生精舍舊址. 秋七月. 始經營. 八月
十有一日. 上樑. 又築門墻具齋庖. 繕治數載而後祠宇成. 今年九月五日丁未.
乃奉安焉. 遠近會者七十有餘人. 籩豆靜嘉. 登降有數. 衣冠濟濟. 有斯文盛儀.
佐郎吳長題位版作祝文. 經始之初. 河潤鄭大淳曺慶潤敦其事. 奉安之日. 孫坦
柳伊榮掌其任. 咸一心極力. 終始以成焉. 嗚呼. 道之在天下. 其光也若日月之
麗乎天. 其聲也若雷霆之行乎天. 然瞽者有所不見. 聾者有所不聞. 豈日月雷霆
之過也. 今夫心智百體. 孰不以存. 存而養之者鮮矣. 詩書易禮. 孰不以學. 學而
行之者亦鮮矣. 若我先生. 其存而養學而行. 見日月之光而聞雷霆之聲者歟. 盖
先生嘗受業於南冥. 與金東岡崔守愚鄭寒岡諸賢. 齊名一時. 學足以尊主. 而爲
林下一窮儒. 文足以經世. 而爲紙上一空言. 其遺風餘韻. 徒使吾徒景慕於旣世
之後. 豈非關時運之盛衰哉. 後之求先生者. 求於師友淵源之所自. 又求於時運
之盛衰則斯可得矣. 若其祠宇之未盡. 制度之未備者. 以俟夫後之君子云. 萬曆
三十八年十一月日. 某序.

『松亭先生文集』, 卷5, 「上樑文, 大覺書院上樑文」

地未墜天未喪. 奄有大者小者之識者. 翬斯飛鳥斯革. 聿見奐焉輪焉之美焉. 斯文有光. 吾黨增氣. 恭惟先師覺齋先生奮起西晉. 師事南冥. 早聞三字符工程. 一心雷龍之負笈. 晚服百勿旗謨訓. 十年山天之摳依. 且夫心經之書. 曁乎近思之錄. 雨化面命. 日就躬行. 距楊墨能言. 尙爲聖人之徒也. 取師友力行. 豈非君子之儒乎. 已見大義之攸存. 不爲他歧之所惑. 淸修苦節. 彷彿古人之遺風. 善行嘉言. 庶幾後學之高範. 功有大於名敎. 感宜永於羹墻. 肆因覺峯之舊居. 乃築祠宇之新構. 斧彼鉅彼. 工殫巧而獻圖. 經之營之. 士釋經以敦事. 喬木尙在. 風烟增色於當時. 松栭有梲. 燕雀爭賀於今日. 擧千古欠典. 嚴嚴州之祠堂. 睹一時盛儀. 同同安之廟舍. 籩豆旣有其所. 香火固無其窮. 出戶周旋. 宛承謦欬之響. 入門對越. 怳瞻陟降之容. 玆陳六偉之辭. 用助雙虹之擧. 樑之東. 赫赫扶桑曉日紅. 洞照乾坤開萬象. 始知先覺啓羣蒙. 樑之西. 蒼蒼方丈與雲齊. 淸冷自是通神氣. 次第分明高與低. 樑之南. 臥龍千古鎖雲嵐. 至今想像中山事. 誰復慇懃顧草菴. 樑之北. 一氣蜿蟺通小白. 中有川流交絡多. 蒼蒼萬古接天極. 樑之上. 左右洋洋覺颯爽. 滿酌寒流澆炳蕭. 齊明盛服倍悽愴. 樑之下. 衣冠濟濟滿堂舍. 千年不絶誦絃聲. 來者無窮繼往者. 伏願上樑之後. 文風大振. 儒道丕興. 希聖希賢. 藹多士之長育. 采蘋采藻. 永百世之君蒿.

『息山先生文集』, 卷10, 「書, 答大覺書院士林」

南食積有年. 所願一入君子之鄕. 得與吾黨翺翔. 把前哲高風. 寤寐不能遺懷. 然一病守奧. 訖莫之遂. 每自咄咄矣. 乃者. 斯文三秀. 以僉尊崇牘. 遠辱窮閭. 猥托以儒宮重事. 辭旨鄭重. 推借甚盛. 講服僉義. 愧汗繼下. 不知所以作辭也. 如敷之弊陋. 本不堪擔此役. 第惟半千程. 左顧俯詢. 其義出尋常萬萬. 若以自寬爲務. 則亦非所以欽敬吾黨之意. 黽勉收拾. 强爲構 綴. 纔經重戚. 心神消鑠. 遷次竄伏. 筆硏散落. 荒蕪拙澁. 恐負僉尊所期. 惟俯諒而進退之也. 紙面挹輝

開晤無托. 臨書悵然.

『息山先生文集』, 卷19, 「祝文, 大覺書院奉安文」

豈弟之生. 氣分光嶽. 肥遯居貞. 爰我得直. 南冥模楷. 守愚麗澤. 利義毫分.
王伯異略. 惡可爲讎. 善豈易色. 談鉞霜凌. 蜮沙影射. 芝焚其烈. 吾黨公盡. 死
榮生辱. 齊名李郭. 羹墻密邇. 思慕彌篤. 不豆不籩. 曷播厥馥. 有煥其宇. 妥靈
大覺. 明薦誠禋. 尙歆降格.

右告柳潮溪

先民遺範. 忠信是委. 就道何晚. 陟高從卑. 指古爲的. 學以全之. 爲政肥家.
情文無隤. 不有淵源. 斯焉取斯. 人之葬聖. 亦覩厥儀. 顔瓢陶室. 師誄獨推. 虔
擧盛儀. 潔牲腆辭. 於仙斯宇. 大覺遺祠. 一瓣心香. 無射格思.

右告孫撫松

嶷嶷早植. 翶翔羣彦. 源深條達. 輝光掣電. 璧庠龍門. 芥拾鱗選. 衡鑑昭奸.
獻可先見. 專對天陞. 寵溢玉硯. 急流勇退. 標榜不弁. 臨危夾簹. 賢相獨揀. 敦
誼糾亂. 講斯談燕. 賦以見志. 一理萬變. 吾黨末蒙. 零塵瞻戀. 涓吉升食. 大覺
之院. 庶幾昭格. 古儀攸援.

右告金白巖

圭璋令資. 旣溫而栗. 夙得依歸. 爰入塗轍. 時値百六. 仗義飈烈. 孝思維格.
愼終無闕. 賢推素履. 天褒朱紱. 大城名都. 薄言惠徹. 泥塗軒冕. 介石貞吉. 卒
歲優游. 首邱心切. 托斯冰魂. 紅白交潔. 性理之章. 妙合前訣. 覺老遺祠. 維食
幷腏. 尙祈降格. 興思不絕.

右告李茅齋

勿勿之誠. 休休之量. 師友家庭. 學的方嚮. 維行有源. 死葬生養. 枳棲非地.
佐幕貯望. 婆娑歲暮. 無怵得喪. 樂此非徒. 際世離創. 課歲以遣. 翰墨宣暢. 式
遵祭社. 輿衷欽尙. 刱爾覺齋. 是憑是仗. 有來斯寅. 敬庸鬯鬯.

右告河松亭

『立齋先生文集』, 卷38,「碣銘, 撫松孫公墓碣銘」 並序

晉陽河君景賢. 以鄕士林議. 奉撫松先生孫公遺事示余. 求銘其墓曰. 先生躋
享於大覺書院者. 已百餘年矣. 顧先生無后. 事蹟又逸不傳. 其卒年及配氏幷莫
之詳. 惟是其葬在州之水谷里長朴洞負艮原. 恐百世之後. 有蕪沒不可尋之患.
今將樹碣以表之. 盡一言使得顯刻焉. 余聞之怛然. 遂略記其行治如左. 公諱天
佑字君弼. 撫松其號也. 孫氏祖於新羅孝子順. 有埋兒得鐘之異. 事在麗乘. 入
本朝有諱若水. 奉使朝明太祖有大勳. 歸陞相秩. 四世有諱光後官參奉. 是娶縣
監柳萬禎女. 以隆慶丙申生公. 才稟出常. 及長遊南冥曹文貞公門. 讀小學近思
錄性理書. 與崔守愚河覺齋諸賢相講磨. 一意於爲己之學. 文貞公奇之. 及寢疾
以其所嘗手錄士喪禮付公與覺齋使治喪. 公爲服心喪三年. 天性至孝. 父母病
革. 皆斷指. 旣葬廬墓. 日三上食. 値龍蛇亂. 負木主奔匿. 乞得米卽爲粥上之.
見新物必薦. 流離至關北. 北人愛而慕之. 聞公歿爲立祠祀之. 友愛甚篤. 與弟
參奉天賚. 寢與讀必與同床. 平居晨起. 盥櫛拜廟. 退潔掃除. 整襟危坐. 讀古書
終日. 常處幽如顯. 兢兢不少怠. 溫醇之氣. 溢於容貌. 當時諸斯文皆以赤子心
瑚璉器稱之. 及歿晉之士咸曰賢人亡矣. 其以俎豆而崇報之者此也. 獨不知天使
公無后何哉. 銘曰.

嗚呼. 是惟撫松孫先生之室. 夫賢人之魄與靈一也. 其安靈之所. 章甫之尊奉
旣如彼. 則其降魄之所. 獨不可衛護之如是矣乎. 吾知千秋萬歲過先生封者. 必
爲之景仰欽慕. 與院宇無異同焉.

『立齋先生文集』, 卷47,「行狀, 縣令河公行狀」

公諱應圖字元龍姓河氏. 晉州人. 高麗中正大夫司直珍其始祖也. 歷八世有謚
元正楫. 晉山府院君允源. 父子俱爲勝國名臣. 又五世有縣監諱孟山. 卽公高祖.
是生忠順衛諱允亨. 是生中樞府事諱承灝. 是生部將諱泊. 是娶察訪晉陽姜奉光
女. 以嘉靖庚子三月十九日. 生公于州之新豊里. 姿貌明秀. 儀度傑卓. 幼與諸

髫兒戲. 如鳳立鷄羣. 鄕長老與之語. 見其應對警敏. 嘖舌言必爲大人. 七歲始
就學. 進退周旋. 動遵小學節度. 十四五已涉獵四子五經而通其大義. 十六請益
于南冥曹先生. 先生器重之. 提誨甚切. 於是得聞性理之說. 欣然樂之. 逐年就
講不輟. 如山天齋, 濫溪院, 智谷, 斷俗等寺與林葛川精舍. 皆其從遊之所. 曹先
生又嘗以手錄士喪禮一册授公曰. 吾死以此治喪. 及其疾革. 又申命之. 公遂遵
行之. 惟謹. 後與門下諸公. 爲尸祝先生創德川書院. 院基數百畝. 皆公之庄而
許納焉. 躬董役靡懈. 以盡崇報之誠. 其丁部將公憂. 亦以先生所授禮治喪. 居
廬以終三年. 先是公以先公命. 餘力業擧. 中癸酉進士. 制旣闋. 卽白母夫人廢
之. 耕釣以爲養. 時人皆曰事親當如河孝子云. 公所與友. 若吳德溪, 崔守愚, 鄭
寒岡, 金東岡, 趙大笑, 河覺齋, 李竹閣, 柳潮溪. 皆一代名賢. 而隨處相博約.
逮戊子與崔河柳三公. 問李雲塘之疾. 雲塘曰無以我先逝爲悲. 若過數年. 反有
羨於我矣. 獲免焉者. 其惟申屠蟠, 郭林宗之流乎. 盖指公也. 及己丑獄起. 其言
果驗. 潮溪旣被誣死. 守愚又方收繫. 公爲致書李延原光庭訟其冤. 庚寅又與延
原及李月沙往復商確. 期於伸救而不得. 守愚竟死獄中. 公躬視其殯而返其櫬.
壬辰正月丁內艱. 居廬守制如前. 四月涅齒大入寇. 公奉几筵入頭流山以避亂.
明年州城陷. 當是時郭忘憂公兵獨全. 趙大笑謂曰吾友河元龍足當一面. 致書勸
起同事. 公謝以不得出之義. 服闋朝廷聞其名而薦之. 四月除禁火司別座. 十一
月除召村丞. 乙未正月辭歸. 丙申州牧羅廷彦築築鼎盖山城. 以公爲別將而句管
之. 體察使完平李公亦以托於公. 役未畢朝廷除掌苑署別座. 是丁酉五月也. 七
月又除沙斤丞. 公行未到. 體察使見晉自陷城後收拾極難. 謂公有鎭撫才. 請於
朝移拜判官. 公得命卽與營將姜德龍共謀守禦. 而未及措置. 賊烽攔入. 衆皆駭
散. 又與新牧李玹更謀招集. 又爲假倭所掠. 遂往依兵使金應瑞於三嘉. 戊戌四
月御史李時彦以差官招之. 自此隨便宜轉移無常所. 己亥五月除綾城縣令. 公盡
心率職. 撫笑獨擊強猾不撓. 爲其所搆誣. 繡衣啓罷之. 一境皆泣送. 公所騎馬
交驛騎而産駒. 公曰此乃國馬所生. 非我所敢私. 棄而還. 時議比之留犢故事.
後李完平以繡衣誤啓啓於前席. 請收用之. 上以爲然. 癸卯五月特除禮山縣監.

公自綾城罷歸後. 知其不合於時. 而無復當世念. 至是感激聖眷. 黽勉就職. 未
幾兵部誤以水軍不充定入啓. 甲辰三月就理. 呈原得釋. 而有仍任命. 公自以山
林之跡. 一出名途. 輒爲文法所中. 遂不屑就而大歸. 以寧無成三字扁其齋. 盖
若曰與其失義而進取. 寧不若退守之所無所成云爾. 作銘以自警曰. 不妄語入誠之
始. 毋自欺居敬之門. 敬之誠之. 聖賢何難. 嗚呼小子. 不事心官. 百體喜從. 靜
而能安. 大道在是. 希之則顏. 日夕對越. 服膺不失. 惟盡心於述先尊賢之事. 修
世譜並先世遺文. 聯爲藁. 與寒岡先生創西溪院. 享吳德溪. 德川院燬於兵燹.
則與諸賢謀重創. 以守愚配之. 及戊申遂定居于德山大法村. 兼爲依先壟地也.
庚戌二月初二日. 考終于德山精舍. 當疾淹時. 有來學者. 猶訓誨不倦. 臨終戒
內外安靜曰. 吾欲觀造化一番. 遂正席恬然而逝. 享年七十一. 閏三月十四日.
葬于德山後麓部將公墓左負兌原. 至肅廟戊戌. 州人享于大覺書院. 配密陽孫氏
校尉翎之女. 生二男弘魯, 弘晉. 弘魯一男愼機. 三女姜㰒, 李重祿, 姜琛. 弘晉
二男愼言, 愼行. 餘男弘業. 曾玄多不錄. 夫以公生質之美. 志行之篤. 早得南冥
而爲之師. 又與諸賢講明性理之學. 服習敬義之說. 動靜語默. 一遵禮法. 施措
云爲. 不違繩尺. 事親則養生喪死. 務盡子職. 事君則禦亂牧民. 克殫臣分. 以至
尊師交友之間. 所以致一事之道相恤之誠者. 擧皆合於規範. 無往而不之宜. 則
茲豈非平日激昂振發之力有自來. 而充廣篤實之效. 隨處沛然. 暨厥終得正而斃
如是者乎. 顧年代久遠. 遺文散逸殆盡. 只有若干篇藏於家. 爲若可恨. 然百世
士林之所以崇奉者. 自有所在. 亦奚必其多哉. 公之後孫舷使其子協奉遺事屬余
求爲狀. 辭不獲. 謹序次如右.

『霱山先生文集』, 卷15, 「行錄, 潮溪柳公遺事」

公諱宗智. 字明仲. 號曰潮溪. 其先文化人. 三韓壁上功臣大丞柳車達. 爲鼻
祖. 由麗入國朝. 代有達官名宰. 爲東方大姓. 歷十六世至公曾祖縣監諱泂. 自
京徙居于嶺南晉州之元塘里. 子孫仍家焉. 考諱誠. 隱德不仕. 妣本州河氏. 某
官某之後. 某官某之女. 公生于嘉靖二十五年丙午. 氣稟清高. 容貌端雅. 自少

嗜學. 文藝夙成. 年十五. 中東堂試第一. 名聲藉甚. 然公雅志不屑求名利. 嘗歎
曰. 場屋. 豈士君子投足地. 卽廢擧. 專意學問. 從南冥曹先生. 講小學, 近思錄
等書. 其於性命義理之奧. 窮探力究. 兀兀忘倦. 南冥嘗稱之曰. 明仲天資高敏.
踐履篤實. 吾門下有人焉. 公嘗作關東之行. 南冥與關東伯書曰. 門生柳君好學
不倦. 更欲豁閜名山. 探向楓嶽. 又與柳海龍書曰. 江表有柳君明仲. 爲人謹厚.
請君往從之. 其亟爲師門所推許如此. 同門諸公. 皆一時名賢. 而亦莫不敬重公
焉. 公所從遊. 如盧玉溪禛, 林葛川薰, 崔守愚永慶, 姜介庵翼, 鄭寒岡逑, 河覺
齋沆. 其最深且久者. 而於守愚臭味特相契合. 往來優遊. 琢磨偲切. 凡天理人
欲之分. 公私邪正之辨. 相與講明剖析. 以決其取舍. 至於世俗所趨好. 視之若
浼己. 人之稱道義交者. 必擧兩公. 又以爲兩公二而一者也. 公天性孝友. 少喪
父. 凡喪制. 一遵朱子家禮. 廬于墓以終三年. 事母夫人. 色養無違志. 與弟宗
曰. 連牆而居. 友愛篤至. 人無間言. 曹先生寢疾. 以其所嘗節要士喪禮. 付公及
河公應圖, 孫公天佑. 使用之治喪. 及先生沒. 公服心喪三年. 旣又與守愚, 覺齋
諸公. 刱書院德川洞. 以享先生. 公始以遺逸薦. 特除靖陵參奉. 後又除參奉. 皆
不就. 己丑冬. 鄭汝立以逆誅. 獄辭株連. 一時名流多陷入焉. 方守愚之未逮也.
公先被囚州獄. 守愚與公書曰. 萬事莫非命也. 但當順受其正. 吾輩平日讀書.
政於此時用之. 及拿命下. 公行至高靈. 裁書于所嘗交遊者八賢. 以告訣. 會有
人得其書. 納縣官. 縣官納之方伯. 方伯遂馳啓. 八賢者皆以黨逆論. 禍將不測.
賴柳西厓在朝. 力救得不逮. 公旣就鞫. 不服死杖下. 享年四十四. 翼年庚寅. 守
愚被逮. 亦瘦死獄中. 人皆冤之. 初. 公性剛介寡合. 疾惡如讎. 言論之際. 別白
是非. 嚴截不少饒. 見人不善. 輒斥絶不與之近. 雖方伯守宰. 或聞有貪汙之行.
則其來訪也. 拒而不納. 至有留屢日不得見者. 於是. 因公之見與不見. 而淸官
汙吏立判焉. 由是. 不悅者頗多. 本道伯權曄. 亦求見公甚切. 公終不出迎. 曄銜
之. 以公爲身在草野. 遙執朝權. 啓聞于朝. 公聞之. 亦上章自辨. 曄遂罷. 公得
無事. 又公之鄉人. 有附麗權要. 蹤跡陰秘者. 公憤疾不能容. 往往因談語. 不覺
露鋒穎. 其人深憾之. 必欲甘心乃已. 己丑之禍. 盖由於衆憾積久. 乘時以逞. 而

其所構捏慫㥑鄕人之力. 爲多云. 或曰. 時人最惡守愚. 方謀構殺. 而以與守愚
同門同志者. 莫如公. 若先建公以取服. 則守愚自不得解免. 故其罹禍也. 公先
而守愚後焉. 盖二公生同志死同冤. 其道義風烈. 彌久而不可泯者亦同. 其後數
年. 守愚卽蒙伸雪贈職. 而公獨未也. 後因嶺南諸儒陳章訟冤. 乃得伸焉. 然贈
典則終不及焉. 豈亦有幸不幸存焉耶. 州人卽公所居近地. 立大覺書院. 以公及
覺齋諸賢幷祠之. 公之遺文. 蕩失於壬辰兵燹. 今存者. 百不一二云. 公有二子.
長伊榮. 訓導. 次關榮. 奉事. 伊榮子曰楷. 察訪. 曰栟. 關榮子曰杞. 曾玄以下.
具在譜牒中. 茲不錄.

▲ 진주 대각서원

도동서원(道洞書院)

—

Ⅰ. 개설

① 소재지 : 경남 진주시 하대동 443-1

② 건립 연도 : 1838년(헌종 4)

③ 사액 연도 : 미사액

④ 배향 인물 : 지봉(芝峰) 황보인(皇甫仁), 절재(節齋) 김종서(金宗瑞), 애일당(愛日堂) 정분(鄭苯), 백촌(白村) 김문기(金文起), 교은(郊隱) 정이오(鄭以五), 환성재(喚醒齋) 하락(河洛)

⑤ 변천 및 현황 : 이 서원은 조선 초기 단종 때의 신하였던 황보인·김종서·정분·김문기 등 4위를 배향하기 위해 1838년에 창건되었다. 뒤에 정이오·하락을 추가 배향하였다. 1868년 흥선대원군의 서원철폐령에 의해 훼철된 후 복원되지 못하였다. 서원이 철폐되자 이곳에 가묘(假墓) 4기를 조성하고 그 앞에 '도동서원유허음기비(道洞書院遺墟陰記碑)'를 세웠다.

신당서원(新塘書院)

Ⅰ. 개설

① 소재지 : 경상남도 진주시 집현면 장흥리

② 건립 연도 : 1710년(숙종 36)

③ 사액 연도 : 1718년(숙종 44)

④ 배향 인물 : 지족당(知足堂) 조지서(趙之瑞)

⑤ 변천과 현황 : 1710년에 창건된 이 서원은 조선 전기의 문신 조지서의 위패를 모셨다. 1718년에 사액을 받았으며, 서원철폐령 때 철거되었다. 그 후 복원되지 못하였고, 지금은 그 흔적조차 찾을 길이 없다. 다만 진주시 집현면 합천 국도 가에 '사액 신당서원 사제문비각(賜額 新塘書院 賜祭文碑閣)'만이 남아 있다.

▲ 진주 신당서원 사제문비각

—

영계서원(永溪書院)

—

Ⅰ. 개설

① 소재지 : 경상남도 하동군 양보면 감당리 여계마을

② 건립 연도 : 1699년(숙종 25)

③ 사액 연도 : 미사액

④ 배향 인물 : 일두 정여창, 학봉(鶴峰) 김성일(金誠一)

⑤ 변천과 현황 : 1699년 유림 및 향손들이 뜻을 모아 창건한 이 서원은 정여창의 위패를 봉안하고 제사를 지내다가 김성일을 추가 배향하였으나 서원철폐령 때 철거되었다. 그 후 복원되지 못하였고 지금은 그 흔적을 찾아볼 수 없다.

옥산서원(玉山書院)

—

Ⅰ. 개설

① 소재지 : 경남 하동군 옥종면 정수리

② 건립 연도 : 1820년(순조 20)

③ 사액 연도 : 미사액

④ 배향 인물 : 포은(圃隱) 정몽주(鄭夢周)

⑤ 변천과 현황 : 1820년 세덕사(世德祠)로 창건되었다. 서원철폐령 때 헐렸다가 1965년 유림들과 자손들에 의해 지금의 이 자리에 복원되었다. 해마다 음력 3월과 9월에 제사를 지낸다. 1983년 7월 20일 경상남도 문화재자료 제47호로 지정되었다.

경내에는 3칸의 묘우, 1칸의 영각(影閣), 10칸의 강당, 각 3칸의 동재와 서재, 3칸의 장판각(藏板閣), 내삼문, 외삼문 등이 있다. 묘우에는 정몽주의 위패가 봉안되어 있고, 영각에는 정몽주의 영정이 소장되어 있다. 1982년에 새로 건립한 장판각에는 정몽주의 문집판각(文集板刻) 500여 판이 보관되어 있다.

▲ 하동 옥산서원

▲ 하동 옥산서원 묘우

용강서당(龍江書堂)

Ⅰ. 개설

① 소재지 : 경남 진주시 지수면 압사리 1266-2번지

② 건립 연도 : 1902년(고종 39)

③ 사액 연도 : 미사액

④ 배향 인물 : 동강(東岡) 김우옹(金宇顒)

⑤ 변천과 현황 : 조선시대 유학자인 김우옹의 학문과 덕행을 기리기 위하여 1902년에 지방 유림들이 창건하였다. 1983년 7월 20일 경상남도 문화재자료 제64호로 지정되었다.

전면에 강학공간이 있고, 그 뒤로 사당, 판각(板刻)을 보관한 전각이 나란히 배치되었으며, 재(齋)는 없다. 강학공간인 서당은 정면 5칸, 측면 2칸의 5량 구조 팔작지붕 집이다. 사당은 정면 3칸, 측면 2칸의 3량 구조이다. 1922년에 '굉정각'이라는 서고(書庫)가 건립되어, 경상북도 성주의 청주서원(晴州書院)에 소장되어 있던 김우옹의 문집 판각 600여 매를 이전하여 보관하고 있다.

▲진주 용강서당

운강서원(雲岡書院)

—

Ⅰ. 개설

① 소재지 : 경상남도 진주시 금곡면 검암리 운문마을 150-1

② 건립 연도 : 1981년

③ 사액 연도 : 미사액

④ 배향 인물 : 시랑공(侍郞公) 하공진(河拱辰), 운수당(雲水堂) 하윤(河潤)

⑤ 변천 및 현황 : 이 서원은 하공진과 하윤을 봉향하기 위해 1981년에 건립하였으며, 앞쪽에 교육시설인 강당과 뒤쪽에 제향시설인 사당이 배치된 전형적인 전학후묘(前學後廟)의 형태를 취하고 있다. 그리고 강당, 사우인 경인사(景仁祠), 외삼문인 덕후문(德厚門), 신문(神門)으로 구성되어 있다.

강당은 정면 3칸 · 측면 2칸의 규모로 전면에만 퇴를 둔 전퇴집이자 홑처마 팔작 민도리집으로서 슬레이트로 지붕을 마감하였다. 강당 실(室)은 전면 반 칸을 뒤로 물려 내루(內樓)가 있는 방—방—방으로 배열되어 있으며, 오른쪽에서 2번째 칸에 '운강서원'이라는 현판이 있다. 그리고 사우인 경인사는 정면 3칸·측면 2칸 규모의 겹처마 맞배지붕 건물이다. 신문인 경충문(景忠門)은 강당 오른쪽 뒤편에 있으며, 서원 안에 '진양하씨소원사묘정사(晉陽河氏溯原祠廟庭碑)'가 서 있다.

▲진주 운강서원

▲ 진주 운강서원 사당

은열사(殷烈祠)

—

Ⅰ. 개설

① 소재지 : 경상남도 진주시 옥봉동 622

② 건립 연도 : 1021년

③ 사액 연도 : 1621년(광해군 13)

④ 배향 인물 : 은렬공(殷烈公) 강민첨(姜民瞻)

⑤ 변천 및 현황 : 고려시대의 장군 강민첨을 모시는 사당으로 1021년
에 건립되었고, 강민첨 탄생지에 있다. 사당 명칭은 강민첨의 시호를 따
서 붙인 것이다. 강민첨에 대한 향례는 고려 때 사당을 세운 후부터 매년
음력 3월 11일 봉행해 왔고, 1621년에 은열사(殷烈祠)로 사액되었다.

강민첨 탄생지인 이곳은 1974년 12월 28일 경상남도 기념물 제 14호로
지정되었는데, 장군을 추모하기 위하여 1980년대에 사당인 은열사와 정
문인 양양문(洋洋門), 그리고 재실인 개경재(開慶齋)를 신축하고 정화하였
다. 사당인 은열사엔 강민첨의 영정(影幀)이 모셔져 있고, 건물 동쪽에는

개경재와 '고려병부상서은열강공유허비(高麗兵部尙書殷烈姜公遺墟碑)'가 있
으며, 서쪽에는 경원당(景源堂)이 있다. 그리고 사당 울타리 안에 다양한
비(碑)들이 있으며, 사당 뒤편 암벽에는 '강은열공유지(姜殷烈公遺址)'라는
글자가 붉은 색으로 새겨져 있다.

▲진주 은열사

—

인천서원(仁川書院)

—

Ⅰ. 개설

① 소재지 : 경남 하동군 북천면 서황리

② 건립 연도 : 1710년(숙종 36)

③ 사액 연도 : 미사액

④ 배향 인물 : 정재(靜齋) 최득경(崔得涇), 모산(茅山) 최기필(崔琦弼), 죽당(竹塘) 최탁(崔濯), 주담(珠潭) 김성운(金聖運)

⑤ 변천 및 현황 : 이 서원은 원래 하동군 북천면 옥정리 남포마을에 있었는데, 그곳은 최탁의 위패를 모시고 강학하던 곳이었다. 1710년 지방의 유림들과 전주최씨 후손들에 의해 건립되었으나, 1868년 흥선대원군의 서원철폐령에 의해 훼철되었다.

1903년 현 장소에 강당인 경현당(景賢堂)이 건립되었고, 1960년 후손들에 의해 경현당 뒤에 선현들의 위패를 모신 사우(祠宇)인 경인사(景仁祠)가 건립되었다. 이 경인사엔 정위에 조선조 형조판서 출신인 최득경을 봉안했으며, 배위에는 임진왜란 때 진주성 싸움에서 순절한 최기필, 그리고 최탁, 죽당의 외손 되는 김성운을 봉안하였다. 매년 음력 3월 21일 후손들과 지역 유림들이 제사를 지낸다. 2006년 4월 6일 경상남도 문화재자료 제 395호로 지정되었다.

▲ 하동 인천서원

▲ 하동 인천서원 사당

임천서원(臨川書院)

—

I. 개설

① 소재지 : 경상남도 진주시 금산면 가방리 314-2

② 건립 연도 : 1702년(숙종 28)

③ 사액 연도 : 미사액

④ 배향 인물 : 신암(新庵) 이준민(李俊民), 성재(誠齋) 강응태(姜應台), 부사(浮査) 성여신(成汝信), 창주(滄洲) 하징(河澄), 조은(釣隱) 한몽삼(韓夢參)

⑤ 변천 및 현황 : 1702년 이준민·강응태·성여신·하징·한몽삼 등 5현의 학행을 기리고자 지방 유림이 의견을 모아 창건한 서원이다. 1719년에 위판(位版)을 봉안하였으며, 1759년 지역의 유림들이 나라에 사액을 청하는 소(疏)를 올렸으나 허락되지 않았다. 1868년 흥선대원군의 서원철폐령에 의해 훼철되었다가, 1935년 옛터의 오른쪽에 복원하였다.

현재 이 서원은 강당과 대문채만 있고, 동·서재와 사당은 없다. 강당은 정면 4칸·측면 2칸의 규모로 전면에만 퇴를 둔 전퇴집이다. 강당 실(室)은 방-대청(2칸)-방의 순으로 배열하였고, 홑처마에 팔작지붕 건물이다. 대문채는 정면 3칸·측면 1칸의 규모로 양쪽 칸에 창고를 들이고 중앙을 통해 출입하도록 되어 있는 홑처마 팔작지붕 건물이다. 경상남도의 유림 대표들 주관으로 격년으로 제사를 지낸다.

▲ 진주 임천서원

▲ 진주 임천서원 '정강서원구선생유허비'

정강서원(鼎岡書院)

—

Ⅰ. 개설

① 소재지 : 경상남도 진주시 문산읍 옥산리 원촌마을

② 건립 연도 : 1694년(숙종 20)

③ 사액 연도 : 미사액

④ 배향 인물 : 우곡(隅谷) 정온(鄭溫), 수헌(守軒) 강숙경(姜叔卿), 운수당(雲水堂) 하윤(河潤), 진사 유백온(俞伯溫), 도구(陶丘) 이제신(李濟臣), 운당(雲塘) 이염(李琰), 신계(新溪) 하천주(河天澍), 능허(凌虛) 박민(朴敏), 백곡(柏谷) 진극경(陳克敬)

⑤ 변천 및 현황 : 이 서원의 전신은 조선 선조 때 진주목사 박승임이 고을의 학생들을 가르치기 위해 세운 이천학사(伊川學舍)였다. 박승임이 진사 유백온을 천거하여 학생들을 가르치도록 하면서 이 지역 사람들은 유씨서당(俞氏書堂)이라 부르기도 하였다. 그러던 것을 1694년 정강서원으로 명칭을 고쳐 불렀는데, 정강은 서원 북쪽에 있는 산 이름에서 따온

것이다. 1720년(숙종 46) 8월 지역 유림들이 뜻을 모아 서원 곁에 사당을
세워 유백온의 위패를 비롯한 여덟 선비들의 위패를 함께 모셔 구현사(九
賢祠)라고 불렀다.

1868년 홍선대원군의 서원철폐령에 의해 훼철되었다. 1996년에 건립된
'정강서원구선생유허비(鼎岡書院九先生遺墟碑)'가 이곳에 서원이 있었다
는 사실을 알려주고 있다.

종천서원(宗川書院)

Ⅰ. 개설

① 소재지 : 경남 하동군 옥종면 안계마을

② 건립 연도 : 1677년(숙종 3)

③ 사액 연도 : 미사액

④ 배향 인물 : 겸재(謙齋) 하홍도(河弘度), 태계(台溪) 하진(河晋), 문효공(文孝公) 하연(河演)

⑤ 변천과 현황 : 인조, 효종, 현종 삼조의 부름을 받았으나 그 부름을 거절한 조선 중기의 학자인 하홍도의 학문과 덕행을 추모하기 위해 유림들이 1676년에 세운 서원이다. 뒤에 하진, 하연을 추가 배향하였다. 1759년(영조 35)에 진주목사 조덕상(趙德常)이 하홍도를 "율곡과 우계를 비방하고 윤선도와 허목을 존경하였다"는 것을 구실로 종천서원에서 하홍도의 위패를 제거해 버린, 곧 '종천서원 원변(院變)' 사건이 벌어졌지만, 후손과 지역 유림들이 22년간의 투쟁을 벌여, 결국 하홍도의 위패는 다시 모셔지게 되었다.

▲하동 종천서원

창열사(彰烈祠)

—

Ⅰ. 개설

① 소재지 : 경남 진주시 남성동 213-3

② 건립 연도 : 1607년(선조 40)

③ 사액 연도 : 1607년(선조 40)

④ 배향 인물 : 창의사(倡義使) 김천일(金千鎰), 김시민(金時敏), 황진(黃進), 최경회(崔慶會) 등 진주성 전투와 관련된 39명

⑤ 변천 및 현황 : 1983년 7월 20일 경상남도문화재자료 제 5호로 지정되었다. 이 사당은 진주성지 안에 있는 7동의 건물로 임진왜란 때 제 2차 진주성 전투에서 순절한 사람들의 신위를 모시기 위해 정사호(鄭賜湖)가 1607년에 건립하여 그 해에 사액(賜額)을 받았다. 1712년(숙종 38) 병사 최진한(崔鎭漢)에 의하여 중수되었다. 1868년에 제 1차 진주성 싸움에서 대승리를 거둔 김시민을 모신 충민사(忠愍祠)가 흥선대원군의 서원철폐령에 의해 훼철되자 김시민의 신위를 이곳에 함께 모셨다.

1607년에 건립된 이 창열사는 수차례의 중수가 이루어졌으나 일제강점
기를 거치면서 심하게 퇴락하였다. 1962년 11월 15일 퇴락한 창열사를 중
수하고 이를 기념하여 창열사 중수기를 지었다. 사당의 규모는 정면 3
칸·측면 2칸의 맞배지붕 목조기와집이며, 동사(東祠)·서사(西祠), 내·
외삼문, 비각 등 7동의 건물이 있다. 현재 진주시에서 관리하고 있다.

　　중앙의 정사(正祠, 2번째 칸에 '창열사'라는 현판이 있음)에는 김시민·
김천일 외에 충청도병마절도사 황진·경상우도병마절도사 최경회·진주
목사 장윤(張潤)·복수의병장 고종후(高從厚)·종부시주부 유복립(柳復立)
등 7위가 모셔져 있고, 나머지 신위는 동사(東祠)와 서사(西祠)에 모셔져
있다. '동사' 옆에 '제장군졸지위(諸將軍卒之位)'라고 쓰인 비각이 있다. 제
사는 매년 음력 3월 초정일(初丁日)에 지내고 있다.

▲ 진주 창열사

청계서원(淸溪書院)

—

Ⅰ. 개설

① 소재지 : 경남 진주시 남성동 168

② 건립 연도 : 1833년(순조 33년)

③ 사액 연도 : 미사액

④ 배향 인물 : 은열공(殷烈公) 정신열(鄭臣烈), 퇴헌(退軒) 정천익(鄭天益)

⑤ 변천 및 현황 : 고려 현종 때 고려병부상서(高麗兵部尚書)로서 거란의 침입을 물리친 진양부원군 은열공관정(殷烈公官亭) 정신열과 고려 말 물레와 베틀을 만들어 백성에게 따뜻한 목면베옷을 입힌 고려 공민조 전객령 판부사치사(典客令 判府事致仕) 진양군 문충공 정천익의 위패를 모신 서원이다. 1833년에 영호남 유림들이 그들에게 제사를 지내기 위해 진주 서쪽 남강 변에 청계서원(淸溪書院)을 세웠는데, 예조에서 해마다 춘추로 관원을 통해 생폐와 향촉을 보냈다고 한다.

이 서원은 본래 진주시 대평면 마동에 있었으나, 1868년 흥선대원군의 서원철폐령에 의해 훼철되었다. 1961년 후손들이 복원하면서 진주성(晉州城) 안으로 옮겨 경덕사(景德祠)와 정교당(政敎堂)을 건립하여 '봉남서당'이라는 이름으로 그 맥을 이어왔다. 그 후 1986년부터 1993년까지 숭은사(崇恩祠)와 전사청(典祀廳)을 재건하여 청계서원으로 복원하였다. 매년 음력 3월 15일 두 사당에 제향을 올리고 있다.

현재 이 서원은 강당, 대문, 신문, 사우인 경덕사와 숭은사, 전사청(정면 3칸)으로 구성되어 있다. 대문은 창재문(蹌濟門)이며, 사우인 서쪽의 경덕사에는 정신열의 위폐를 동쪽의 숭은사에는 정천익의 위패를 모시고 있다. 강당은 정면 6칸 건물이며, 오른쪽에서 두 번째 칸에 '청계서원'이라는 현판이 있고, 오른쪽에서 다섯 번째 칸에 '정교당'이라는 현판이 있다. 그리고 경덕사의 신문은 '숙연문'이며, 서원 울타리 안에 2개의 비석이 서 있다.

▲ 진주 청계서원 안내판

편자 약력

문동규(文銅楏)

현 국립순천대학교 인문한국(HK) 연구교수, 건국대학교 대학원 철학과 철학박사, 저역서로는 『지리산의 종교와 문화』(공저), 『사유의 사태로』(공역) 등이 있으며, 연구논문으로는 「깨달음과 초연함」, 「지리산 화엄사의 사사자삼층석탑 : 진리의 현현」 등이 있다.

김기주(金基柱)

현 계명대학교 교양교육대학 조교수, 대만동해대학 철학연구소 철학박사, 국립순천대학교 인문한국(HK) 교수 역임, 저역서로는 『맑은 강물 같은 문화의 흐름. 남계서원』, 『서원으로 남명학파를 보다』, 『심체와 성체 1』 등이 있으며, 연구논문으로는 「기발리승일도설로 본 기호학파의 3기 발전」, 「이상사회에서의 일과 노동」 등이 있다.

지리산인문학대전05 기초자료05
지리산권 서원자료 선집

초판 1쇄 발행 2016년 7월 30일

엮은이 ㅣ 국립순천대 · 국립경상대 인문한국(HK) 지리산권문화연구단
　　　　문동규 · 김기주
펴낸이 ㅣ 윤관백
펴낸곳 ㅣ 도서출판 선인

등록 ㅣ 제5-77호(1998.11.4)
주소 ㅣ 서울시 마포구 마포대로 4다길 4(마포동 324-1) 곳마루빌딩 1층
전화 ㅣ 02)718-6252 / 6257
팩스 ㅣ 02)718-6253
E-mail ㅣ sunin72@chol.com
Homepage ㅣ www.suninbook.com

정가　25,000원
ISBN　978-89-5933-994-5　94090
　　　　978-89-5933-920-4　(세트)

· 이 책은 2007년 정부(교육과학기술부)의 재원으로 한국연구재단의 지원을 받
　아 수행된 연구임(KRF-2007-361-AM0015)

· 잘못된 책은 바꾸어 드립니다.